Christentum, Anthroposophie, Waldorfschule

Erziehung vor dem Forum der Zeit
Schriften aus der Freien Waldorfschule
15

Christentum Anthroposophie Waldorfschule

Waldorfpädagogik im Umfeld
konfessioneller Kritik

Mit Beiträgen von Hans-Werner Schroeder,
Michael Debus, Arnold Suckau, Hellmut Haug,
Stefan Leber, Helmut von Kügelgen
und Wolfgang Schad

Verlag Freies Geistesleben

CIP-Kurztitelaufnahme der Deutschen Bibliothek

Christentum, Anthroposophie, Waldorfschule:
Waldorfpädagogik im Umfeld konfessioneller Kritik / mit Beitr. von
Hans-Werner Schroeder . . . – Stuttgart: Verlag Freies Geistesleben, 1987.
(Erziehung vor dem Forum der Zeit; 15)

ISBN 3-7725-0295-4

NE: Schroeder, Hans-Werner [Mitverf.]; GT

Inhalt

STEFAN LEBER

Einleitung

Gegenwärtig mehren sich die Äußerungen, die sich mit der Tätigkeit von «Anthroposophen» kritisch auseinandersetzen.[1] Die Kritik erstreckt sich – ganz dem Bedeutungsgehalt des Wortes entsprechend – von strenger, anspruchsvoller Prüfung bis zu tadelnden, Gefahren beschwörenden Aussagen. Diese verstärkte Kritik hängt zweifelsfrei mit der Ausdehnung der aus der Anthroposophie ideell geförderten Tätigkeit in verschiedenen Lebensfeldern[2] zusammen: zunächst sind da die Waldorf- oder Rudolf Steiner-Schulen, die inzwischen in der Bundesrepublik an über hundert Orten arbeiten, sowie die entsprechenden Einrichtungen im Bereich des Vorschulalters: die Waldorf-kindergärten sind an 230 Orten vertreten; daneben fallen die Bemühungen um die Gesundung der Nahrungsmittel durch die *biologisch-dynamische Landwirtschaft* auf, ebenso findet die sozialtherapeutische Arbeit in anthroposophisch orientierten heilpädagogischen Heimen und Tagesstätten bzw. in beschützenden Werkstätten oder Dorfgemeinschaften hohe Anerkennung. Aber auch die Wirksamkeit anthroposophischer Medizin, wie sie von vielen niedergelassenen Ärzten oder in den Gemeinnützigen Gemeinschaftskrankenhäusern in Herdecke, Filderstadt und Niefern-Öschelbronn ausgeübt wird, erregt die Aufmerksamkeit, desgleichen die dazugehörigen Arbeiten der pharmazeutischen Forschung, insbesondere die vielfältigen Bemühungen auf dem so schwierigen Gebiet der Krebstherapie. Daneben finden – möglicherweise bei anderen Gruppierungen – die künstlerischen Bemühungen um eine Erneuerung der Sprachgestaltung und Schauspielkunst Beachtung. Die von Rudolf Steiner inaugurierte neue Bewegungskunst, die Eurythmie, erfährt über die Kontinente hin immer aufs neue begeisterte Aufnahme. Besonders auffällig für das Auge wurde die Art der anthroposophischen Architektur. Die baukünstlerische Gestaltung des in Holz errichteten ersten Goetheanumbaus erregte Aufsehen, noch mehr dann der zweite Baukörper,

7

der mit dem neuen Material Beton an die Stelle des ersten, niederge-
brannten, trat. Namhafte Architekten der Gegenwart greifen die
Anregungen Steiners in verwandelter Weise immer erneut auf.

Neben diese ganz unterschiedlichen Bestrebungen treten – von den
nach alternativer Lebensorientierung Suchenden mit Achtung und
Ärger bemerkt – die vielfältigen, auch untereinander vielleicht recht
widersprüchlichen Versuche, zu einer neuartigen Sozialgestaltung zu
kommen[3], die bis zu einem veränderten Umgang mit dem Geld
führen und in neuartigen Bankeinrichtungen gepflegt werden.[4]
Widersprüchlich sind die Ausformungen in den einzelnen Selbstver-
waltungsgemeinschaften schon deshalb, weil die Anthroposophie
gerade mit der Individualität des Menschen rechnet. Und eben die
Verschiedenheit der einzelnen bildet den menschlichen Reichtum
einer Gesellschaft, sie stellt zugleich aber auch die Aufgabe, miteinander auszukommen.

Dieses weite Spektrum vielfältiger Tätigkeiten bezieht sich auf eine
Quelle, eben die Anthroposophie, die Wissenschaft vom Geiste, wie
sich dieser Begriff auch übersetzen läßt. Was hat es mit dieser
Anthroposophie auf sich, was mit ihrem Begründer Rudolf Steiner
(1861–1925), dem zu Lebzeiten vorausgesagt wurde, daß keiner der
von ihm unternommenen Bestrebungen über das eigene Leben hinaus
eine Wirksamkeit zukommen werde? Beiden, der Anthroposophie
wie ihrem Begründer eignet die *Universalität*, eine Aussage*kraft* und
Aussage*fähigkeit* zu allen menschlichen Fragestellungen, ohne daß
freilich schon fertige Ergebnisse vorlägen. Und dies deshalb, weil der
methodische Ansatz auf die Immanenz von Idee (geistiger Wirksamkeit) und Erscheinung (gestalteter Materie) abstellt oder, wie Steiner
es selbst einmal formulierte: «Anthroposophie ist ein Weg, der das
Geistige im Menschen zum Geistigen im Weltall führen will.» In
diesem Weg ist der universelle Ansatz zu sehen, darin besteht derselbe Anspruch, der eine Philosophie Platons und Aristoteles' im 4.
Jahrhundert vor Christus ebenso beseelte wie an der Wende vom 18.
zum 19. Jahrhundert einen Fichte, Schelling oder Hegel: alle Daseins-
bereiche sollten durch das Erkennen – die Liebe zur Weisheit –
erschlossen und dementsprechend aus Erkenntnis gestaltet werden.
Derselbe Anspruch also, wie ihn die Philosophie schon in ihren
Anfängen und dann an ihrem Ende mit den großen Systemen hatte,
eignet auch der Anthroposophie.

Doch zwischen diesen beiden über zweitausend Jahre auseinanderliegenden Eckpunkten liegt eine Zwischenzeit, die von der *Entfaltung des Christentums* einerseits und der ihr zugehörigen *Theologie* andererseits im Abendland bestimmt wird. Lag *vor* der Philosophie eine Zeit des mythischen Weltverstehens und *nach* der Philosophie eine solche des Agnostizismus, so liegt *dazwischen* die Entfaltung der Theologie. Die Gegenwart ist geprägt von Erkenntniszweifeln oder der reinen technischen Diesseitsbeherrschung (Materialismus), von wirtschaftlicher Entfaltung und Erfolg. Aber weder die Philosophie noch die überlieferten christlichen Glaubensformen gestalten die Kultur originär, sondern nur noch traditionell. Das Christentum hat anscheinend die ihm ursprünglich eignende Gestaltungskraft verloren, die dazu führte, daß es die antike Philosophie verdrängte bzw. so einschmolz, daß sie integraler Bestandteil christlicher Kultur wurde; es prägt nur noch beiläufig, nicht zentral die Gesinnung der Kulturmenschheit der Gegenwart. Zwar vermag die Theologie noch immer neue Einsichten in die Entstehung der Heiligen Schrift zu erschließen und durch Exegese und Dogmatik die geoffenbarte Lehre zu aktualisieren, doch den Vormarsch und die Ausbreitung *a-religiöser Lebenseinstellung* vermochte sie im großen kaum aufzuhalten, weil *positives Wissen* und *überlieferter Glaube* in wachsenden Kreisen als gegensätzlich und nicht mehr als sich wechselseitig ergänzend erlebt werden.

Zu der ungeheuren *Kluft* zwischen wissenschaftlichem Forschungsdrang und daraus resultierender zerstörerischer Wirkung in Kernspaltung, Naturschädigung, chemischen Katastrophen, Gentechnologie u. v. a. hat die herrschende Lehre von der Wertfreiheit der Wissenschaft keine Antwort zu geben vermocht, dafür aber die Wertung und Entscheidung in den Bereich der Politik verlagert; doch die Politik vermag keine Moral zu begründen, sie findet allenfalls kurzfristige pragmatische Lösungen. So geht das innere Sehnen vieler Menschen nach einer einheitlichen Weltauffassung, die sowohl die Erkenntniskräfte einsetzt als auch moralische Kräfte in die Gesinnung und das Handeln einbringt, und zwar genau an jener Leerstelle, die von der Wissenschaft hinterlassen wird, die aber von der überlieferten Form geoffenbarter Religion nicht ausgefüllt werden kann, weil die bisherigen Offenbarungen andere Bilder der Weltentstehung, der Entwicklung von Welt, Erde und Mensch lieferten als die moderne

Wissenschaft. So kann die überlieferte christliche Religion zwar nachträglich wissenschaftliche Forschungsergebnisse werten, aber mit deren Fragestellung hat sie im Ansatz selbst nichts zu tun: weder im Falle der Genetik noch der Atomspaltung hat sie aus sich heraus etwas zu sagen. Nur nachträglich vermag sie auf die folgenschweren Auswirkungen des Tuns und auf die moralische Verantwortung hinzuweisen.

Schon von ihrer Entstehung her zielt dagegen die Anthroposophie darauf ab, sowohl Erkenntnis wie Erleben und auch moralisch verantwortetes Handeln zu vereinen, mit anderen Worten ausgedrückt: Wissenschaft, Kunst und Religion zu verbinden. Diese «synthetischen» Bestrebungen der Gegenwart[5] wollen also das Geistige und Materielle in ihrem inneren Bezug aufweisen und nicht dual nebeneinanderstellen.

Damit kann aber Anthroposophie sowohl in die Kritikzone der herrschenden Wissenschaftsauffassung als auch konfessioneller Überlieferung geraten. Die Auseinandersetzung im Hinblick auf die der Anthroposophie eignende Wissenschaftsmethode ist bisher allerdings in der öffentlichen Diskussion noch nicht einmal ansatzweise erfolgt, und insofern sie gelegentlich aus einer Herrschaft beanspruchenden Sichtweise geschah, blieb sie derart unzulänglich, daß diese Auseinandersetzungen als wesenlos anzusprechen sind.[6] Was an Einwendungen auf einzelnen Gebieten wie der Pädagogik wissenschaftstheoretisch eingewendet wurde, wie etwa von Klaus Prange[7], beschränkt sich auf einzelne unreflektierte, geradezu naive Bemerkungen, die von der Haltung geprägt sind, daß, wer als Hochschullehrer tätig ist, darüber zu entscheiden hat, was Wissenschaft sei, und daß das, was er denkt, immer schon – apriori – wissenschaftlich sei.[8]

Anderes aber ist von der Seite der konfessionell gebundenen Religion zu vermelden. Schon in seinem frühesten anthroposophischen Werk, in «Das Christentum als mystische Tatsache und die Mysterien des Altertums» (1901), rückt Steiner Kreuzestod und Auferstehung als zentrales Geschehen in den Mittelpunkt seiner Betrachtungen, damit ein Leitmotiv seiner Bemühungen anschlagend. In immer neuen Anläufen versucht er, dem modernen Bewußtsein die heilsgeschichtliche Tatsache des «Mysteriums von Golgatha» zugänglich zu machen. Betrachtungen zu den einzelnen Evangelien, zur Apokalypse, zur biblischen Schöpfungsgeschichte erschließen in immer

10

neuen Dimensionen die Größe und Tiefe das Wesen Jesu Christi und verdeutlichen die Erlösung als fortdauerndes Geschehnis, wobei der einzelne Mensch einen Beitrag zu liefern hat, um am Gnadengeschehen teilzuhaben. Die Methode der Geisteswissenschaft führt so zu einer Ausweitung der Einsicht in die geistigen Grundlagen des Christentums. Damit aber betritt die Anthroposophie ein wohlbestelltes Feld geheiligter Überlieferung und in blutigen Glaubenskämpfen errungener Dogmatik; zugleich berührt sie die Herrschaftsansprüche der Konfessionen und gerät allzuleicht in den durch die Zeiten hindurch jeder neuen Auffassung gegenüber gehegten Verdacht, abweichende Häresie zu sein. So kann es nicht ausbleiben, daß auch konfessionelle Kritik und Apologetik sich ihrer annimmt.

Schon zu Steiners Lebzeiten wandten sich einzelne evangelische Theologen der Anthroposophie zu, da sie durch diese ihren Glauben zu stärken, ihre Einsicht in den heilsgeschichtlichen Vorgang und das Verständnis der Heiligen Schrift auszuweiten und zu vertiefen vermochten. Dies führte dann Anfang der 20er Jahre zur Anfrage einiger Theologen an Rudolf Steiner, ob er nicht zu einer Erneuerung des religiösen Lebens seinen Rat leihen wollte, was dann auch geschah. So kam es 1922 zu der selbständigen, von der Anthroposophischen Gesellschaft unabhängigen Gründung der «Christengemeinschaft – Bewegung für religiöse Erneuerung». Namhafte evangelische Theologen, von denen hier nur Friedrich Rittelmeyer erwähnt sei, zählen zu dem Begründerkreis. Dieser Vorgang, der ganz auf die Initiative von Theologen zurückging und mit der Anthroposophie nur insofern etwas zu tun hat, als diese aus ihrem Erkenntnisansatz auch einen Beitrag zur Vertiefung des religiösen Lebens und zum Verständnis des Jesus Christus und seiner Wirksamkeit zu geben vermag.

Von da an, bei gelegentlich schon früher vorgebrachter Kritik, ergießt sich seit Anfang der 20er Jahre dieses Jahrhunderts eine beachtliche Menge an polemischen Schriften und Traktätchen von konfessioneller Seite gegen Anthroposophie auf den Markt.

Alle bisher vorgetragenen Einwendungen gegen Anthroposophie und Waldorfschule stammten vornehmlich von konfessionell gebundenen Kritikern, die dem Steinerschen Denken vor allem Anleihen aus östlichen Weltauffassungen vorwerfen, so im Hinblick auf die Reinkarnationslehre und den Karma-Gedanken. Daraus wird dann – unzutreffend – abgeleitet, Anthroposophie kenne nur Selbsterlösung,

aber keine göttliche Gnade und Erlösung, weil dies durch Schicksalsausgleich in einem nächsten Leben geschähe und so für den Gnadenerweis Christi kein Platz sei. Dieser Einwand verkürzt in mehrfacher
Hinsicht den Tatbestand: Zum einen gibt es schon vor Steiner eine
ganz eigenständige europäische Begründung des Wiederverkörpe-
rungsgedankens, der nicht das Rad der ewigen Wiederkehr, wohl
aber seelisch-geistige Entwicklung kennt. Zu nennen sind hier neben
vielen anderen[9] die Namen von Lessing («Die Erziehung des Menschengeschlechts», 1780) und dem bedeutenden Hegelianer August
von Cieszkowski («Gott und Palingenesie», 1842). Ferner liegt eine
Verkürzung gegenüber den Ausführungen über die Bedeutung der
Gnade bei Steiner selbst vor (vgl. dazu den Beitrag von Hellmut
Haug).

Aus dem Gedankenbau der Anthroposophie weisen einzelne Bau-
materialien Verwandtschaft auf mit bereits früher in anderen Kulturen vorhandenen Vorstellungen (seien es Mythologeme oder Philoso-
pheme), woraus dann mit hurtiger Hand das Wurfgeschoß gefertigt
wird, es sei an der Anthroposophie doch gar nichts original, vielmehr
bestehe sie lediglich aus Zusammengetragenem; gelehrt heißt der
Vorwurf dann: Synkretismus, Eklektizismus. Dann werden wieder
einzelne unterschobene Anleihen, welche die Anthroposophie an-
dernorts gemacht habe, zum Vorwurf gegen das Ganze erhoben, so
etwa derjenige der Gnosis, ein kirchengeschichtlich verwerflicher
Begriffszusammenhang, von dem kaum jemand genau weiß, was sich
damit verbindet, der aber allemal ausreicht, einen Schauer auszulösen
(vgl. den Beitrag von Arnold Suckau).

Allerdings bleibt es nicht bei diesen allgemeinen Darstellungen
gegen Anthroposophie und Waldorfschule. Einzelne Kirchengemein-
den oder Landeskirchen bzw. Bischöfliche Ordinariate geben neuerdings Orientierungshilfen oder auch ganz einfach Warnungen an
Eltern aus, die ihre Kinder auf Waldorf- oder Rudolf Steiner-Schulen
schicken wollen. Der Vorwurf dabei lautet im Kerngehalt, daß diese
Schule nicht mit dem christlichen bzw. dem biblischen Glauben
übereinstimme. An Begründungen werden dann entweder Aussagen
von teilweise unbenannten «Fachleuten» wiedergegeben, oder es werden die oben bereits erwähnten Vorwürfe erhoben, die allerdings das
Wesen der Anthroposophie nicht einmal von ferne treffen. Um all die
vorgebrachten Schiefheiten zurechtzurücken, bedürfte es oft eines

12

größeren Darstellungsrahmens, als die Orientierungshilfen benötigen. Häufig anzutreffende Kurzdarstellungen und Schemata – in der Namengebung scheinbar aus der Anthroposophie herrührend – dienen allenfalls dazu, sie lächerlich erscheinen zu lassen, erhellen aber keinesfalls deren Anliegen, das darin besteht, zu Einsichten und wirklicher Erkenntnis über den Menschen, die Natur und das Geistige zu kommen.

Deshalb soll in den folgenden Beiträgen nicht überwiegend in verteidigender Weise (Apologetik) mit Vorwürfen und Unterstellungen umgegangen werden, sondern positiv entwickelnd das Verhältnis der Anthroposophie zum Christentum dargestellt und untersucht werden, ob und wenn ja, wie die Pädagogik der Waldorfschule «weltanschaulich» geprägt ist. Eine positive Darstellung ist schon deshalb angezeigt, weil das Christentum am Anfang seiner Entwicklung (die ersten zwei Jahrtausende) vor allem negativ vorging, sei es in Abwehr des römischen Kaiserkults oder des Heiden- bzw. Judentums, kurz: mehr in der Gegnerschaft als im Darleben der Frohen Botschaft, des Evangeliums. Selbst bewundernswerte positive Beispiele der Nachfolge Christi hatten stets ihre Schwierigkeiten mit der Amtskirche, gehören aber zum hoffentlich nie versiegenden Strom des Christentums. Bei der gegenwärtig jedem einzelnen prinzipiell erreichbaren Reife christlichen Verhaltens sollte die Verneinung des Negativen schließlich zur freien Würdigung des für recht und wahr Befundenen führen. Denn es ist eine Grundlehre des Evangeliums: «An ihren Früchten sollt ihr sie erkennen.»

So bietet sich an, zunächst von einem nicht dogmatischen, sondern offenen Begriff des Christentums auszugehen (ihn entwickelt Hans-Werner Schroeder), um das Verhältnis der Offenbarung zur christlichen Religion und zur Anthroposophie zu klären (Michael Debus). Von da aus sind eine Reihe von Mißverständnissen im Hinblick auf die Anthroposophie aufzuhellen (Arnold Suckau), um dann das Verhältnis von Erlösung und Gnade genauer abzuklären (Helmut Haug) und schließlich die Frage zu erörtern, ob die Waldorfschule Weltanschauungsschule sei (Stefan Leber). Zum Ende wird dem Religionsunterricht an den Waldorfschulen eine Darstellung gewidmet (Helmut von Kügelgen). Der Beitrag des Naturwissenschaftlers Wolfgang Schad vertieft einen Aspekt gegenwärtiger Umweltproblematik, der schon im Zusammenhang mit der Weltanschauung gestreift wurde, bis in die zentrale (auch theologische) Frage der Evolution und des Christentums.

Neben diesen Fragen, die aus konfessioneller Kritik sich ergeben, erscheinen neuerdings auch aus dem Raum der Psychologie und Erziehungswissenschaft Einwendungen gegen das pädagogische Konzept, das den Waldorf- und Rudolf Steiner-Schulen zugrundeliegt; diese Arbeiten sind von recht unterschiedlicher Qualität, sie dienen der konfessionellen Kritik gleichfalls z. T. ganz unreflektiert und unkritisch als Steinbruch, aus dem bereits das Arsenal der eigenen Wurfmaterialien noch angereichert werden kann. Mit diesen Einsprachen setzen sich verschiedene Beiträge kritisch auseinander.[10]

Anmerkungen

1 So ist ein Symptom dafür z. B. eine Serie im «Spiegel», dann als Buch herausgegeben: Peter Brügge, Die Anthroposophen, Spiegel-Buch, Hamburg 1984.

2 Vgl. den Sammelband «Zivilisation der Zukunft – Arbeitsfelder der Anthroposophie», hg. v. Herbert Rieche und Wolfgang Schuchhardt, Stuttgart 1981.

3 Joseph Huber: Astral-Marx. Über Anthroposophie, einen gewissen Marxismus und andere Alternativen. In: Kursbuch 55, Berlin 1979, S. 139–161; Stefan Leber (Hg.): Das Soziale Hauptgesetz – Beiträge zum Verhältnis von Arbeit und Einkommen (Sozialwissenschaftliches Forum, Bd. 1), Stuttgart 1986.

4 W. E. Barkhoff: Banken sind Einrichtungen moralischer Technik; Instrumente zur Herrschaft über Unmündige und Weisungsgebundene oder zur gegenseitigen Hilfe für Selbstbestimmende. (In: Zivilisation . . ., a. a. O., S. 371).

5 Dafür wird gegenwärtig auch der Begriff «Postmoderne» gebraucht, wobei «Moderne» den auf Cartesius folgenden Rationalismus meint.

6 Die früheste Auseinandersetzung dieser Art ging von Max Dessoir: Vom Jenseits der Seele – die Geheimwissenschaften in kritischer Betrachtung, Stuttgart 1917, aus, die schon Steiner in: Von Seelenrätseln, GA 21, auseinandernahm und in ihrer unexakten Darstellungsart, ihrer Oberflächlichkeit und Fälschung des kritisierten Wortlautes zurechtwies. Ähnlich ist es um andere Versuche bestellt, die Hans Leisegang unternahm: Die Grundlagen der Anthroposophie. Eine Kri-

tik der Schriften Rudolf Steiners, Hamburg 1922. Ders.: Die Geheimwissenschaften, Stuttgart u. Gotha 1924. Die Broschüren Leisegangs
sind «nichts anderes als Pamphlete und Zeugnisse des persönlichen
Hasses des Verfassers auf Steiner.» Die Schriften zeugen von völliger
Verständnislosigkeit für das Anliegen Steiners «und sind in ihrer Argu-
mentationsweise unwissenschaftlich. Das Bedauerliche ist nur, daß sie
noch heute, durch den Namen des bekannten Gelehrten 'legitimiert', als
wesentliche Sekundärliteratur zu Steiner angesehen werden» (Wolfhard
Raub: Rudolf Steiner und Goethe, Diss. Kiel 1963, S. 254 f. Es sei
angemerkt: Raub steht Steiner kritisch gegenüber).

7   Erziehung zur Anthroposophie, Bad Heilbrunn 1985.
8   Anders ist es allerdings mit der Wissenschaftskritik bestellt, die von
     Anthroposophen selbst vorgenommen wurde und teilweise positiv
     deren Erkenntnismethodik begründet. Da sind an jüngeren Arbeiten zu
     nennen das anspruchsvolle Werk Herbert Witzenmanns: Die Vorausset-
     zungslosigkeit der Anthroposophie – Eine Einführung in die Geistes-
     wissenschaft Rudolf Steiners. Erkenntniswissenschaft als Ontologie.
     Ein neues Zivilisationsprinzip durch meditative Bewußtseinswandlung,
     Stuttgart [2]1986; Helmut Kiene: Grundlinien einer essentialen Wissen-
     schaftstheorie. Die Erkenntnistheorie Rudolf Steiners im Spannungsfeld
     moderner Wissenschaftstheorien. Perspektiven essentialer Wissenschaft
     (Schriften der Universität Witten/Herdecke), Stuttgart 1985; Karl-Mar-
     tin Dietz: Die erfundene Wirklichkeit. Bewußtseinsfragen der achtziger
     Jahre, in: Die Drei. Zeitschrift für Wissenschaft, Kunst und soziales
     Leben, 55. Jg., Nr. 10, Okt. 1986, S. 715 ff.; ders.: Verlorenes Ich? Der
     Geist in den 80er Jahren – Aufbruch und Behinderung, in: Die Drei, 56.
     Jg., Nr. 10, Okt. 1986, S. 701 ff.; Ernst-Michael Kranich: Die Bedeu-
     tung der Wahrheit für die menschliche Seele. Menschenverändernde
     Wirkungen wissenschaftlicher Erkenntnissuche, in: Die Drei, 54. Jg.
     Heft 5, Mai 1984, S. 316 ff.
9   Vgl. dazu die zahlreichen von Emil Bock genannten Zeugnisse: Wieder-
     holte Erdenleben. Die Wiederverkörperungsidee in der deutschen Gei-
     stesgeschichte, Stuttgart [6]1975.
10   Sie werden von Johannes Kiersch in einem eigenen Band in der gleichen
     Reihe wie der vorliegende (Erziehung vor dem Forum der Zeit) heraus-
     gegeben.

HANS-WERNER SCHROEDER

Vom Wesen des Christentums – was heißt «christlich»?

Was heißt «christlich»?

Die Frage ist – so scheint es zunächst – leicht zu beantworten. Denn es gibt ein christliches Glaubensbekenntnis, in dem ausgesagt wird, was Christentum ist – und was nicht. Wer sich zu den Sätzen des christlichen Glaubens bekennen kann: «Ich glaube an Gott, den Vater, den Allmächtigen, Schöpfer Himmels und der Erde; und an Jesus Christus, seinen eingeborenen Sohn, unseren Herrn ... Ich glaube an den Heiligen Geist ...», der darf sich Christ nennen. Wer sich dazu nicht in der Lage sieht, oder wer auch nur in manchen Einzelheiten Zweifel hegt – ist kein Christ!?

Wenn das so wäre, dann wäre das Christentum eine eindeutige Angelegenheit. Aber läßt sich diese Position im Ernst halten? Wie wären dann die großen Unterschiede in der christlichen Glaubensauslegung, z. B. im Katholizismus und Protestantismus, aufzufassen: ist ein Katholik mit *seiner* Anschauung von Christentum christlicher als ein Protestant, der z. B. mit katholischer Sündenvergebung, mit der Vergegenwärtigung des Opfers Christi in der Messe, mit der Gottesmutter u. v. a. nichts zu tun haben will, andererseits aber vielleicht auch an die «Auferstehung des Fleisches» z. B. nicht mehr so recht zu glauben vermag?

Wenn wir uns nicht von vornherein ausschließlich für den einen oder anderen Standpunkt in der Glaubensauffassung als dem einzig wahren und einzig christlichen entscheiden wollen – und wer wollte das heute noch tun? –, dann müssen wir fragen: Gibt es also, da doch das Glaubens*bekenntnis* entscheidend sein soll, zwei Arten des Christentums? Und gesellt sich dann zu diesen zwei Arten, dem katholischen und protestantischen Bekenntnis, mit der orthodoxen Kirche des Ostens noch eine dritte Art hinzu? Und wie verhält es sich schließlich mit den vielen verschiedenen religiösen Gruppen und

Sondergemeinschaften, denen man christliche Bemühung nicht absprechen kann, die aber in Glaubensfragen besondere Auffassungen und Praktiken vertreten – in der Reformationszeit schon beginnend mit Zwingli, Calvin u. a., heute in fast unübersehbarer Zahl? Kann man pauschal sagen: keine Christen? Oder Christen nur mit Vorbehalt? Oder muß der Blick in eine noch ganz andere Richtung gehen? Kommt es mehr als auf das Bekenntnis auf die *gelebte Glaubenssubstanz* an?

Jedenfalls führt es – wie wir sehen – zu recht großen Schwierigkeiten, «christlich» einfach von christlichem Bekenntnis, von der «christlichen Lehre», von der kirchlichen Dogmatik her zu definieren.[1] Denn gerade der christlichen Lehren gibt es viele. Und diese Schwierigkeiten vertiefen sich noch, wenn wir bemerken: auch innerhalb der einzelnen Bekenntnisse zeigen sich gerade heute unglaublich weitreichende Abweichungen in der Auffassung der einzelnen «Glaubensartikel»; ja es ist seit langem innerhalb der Kirchen und vor allem innerhalb der evangelischen – neuerdings auch der katholischen – Theologie geradezu ein Abfall von alten überlieferten Glaubensaussagen zu verzeichnen.

Das beginnt bereits mit der strittigen Auffassung von der Trinität, der göttlichen Dreieinigkeit, die nicht mehr verstanden und deshalb vielfach fallen gelassen wird, und geht hin bis zur Frage der Auferstehung, die heute ebenfalls oft unverstanden aufgegeben oder als der Versuch der urchristlichen Gemeinde, die Ereignisse um den Menschen Jesus irgendwie zu deuten und zu glorifizieren, ausgelegt und umgewertet wird. Selbst die Frage, ob Christus göttlicher Natur war, oder nur Mensch, der eine göttliche Anerkennung empfing, ob er als Religionsstifter, Moralprediger, Sozialrevolutionär oder Illusionist aufgefaßt werden muß, wird heute keine einhellige Antwort mehr finden, weder im protestantischen noch im römisch-katholischen Bereich.[2] Dabei handelt es sich hier um Grundfragen des Christentums, die im Glaubensbekenntnis – nach manchen «Glaubenskämpfen» der ersten christlichen Jahrhunderte – bewußt formuliert worden sind.[3] An solchen Fragen herumzudeuten, sie überhaupt nur als Fragen aufzuwerfen, wäre in früheren Zeiten Anlaß zum Ausschluß aus der christlichen Kirche gewesen. Sie waren Ketzerei.

Um solche Ketzereien wurden blutige Glaubenskämpfe ausgefochten, «andersgläubige» Christen mit Feuer und Schwert verfolgt: kein

Ruhmesblatt, wie uns heute scheint, in der Geschichte des Christentums. Heute aber müßten auch innerhalb der christlichen Kirchen zahllose Scheiterhaufen auflodern, sollte die alte Ketzer-Richterei fortgesetzt werden. Die Zersplitterung des Christentums in die verschiedensten Lehrmeinungen und Glaubensrichtungen ist nicht leicht zu ertragen, gerade wenn man sich dem Christentum verpflichtet fühlt. Und doch: vielleicht liegt auch gerade darin ein Sinn, daß man heute nicht mehr sagen kann: das ist eindeutig *die* Aussage *des* Christentums über diese oder jene Frage. Damit ist der einzelne Mensch heute unabdingbar aufgerufen, *selbst* den Weg zur Wahrheit zu suchen, seine eigenen Erkenntniskräfte in Bewegung zu bringen, um dem Wesen der Gottheit nicht nur unter Anleitung einer äußeren Autorität – und sei es auch einer höchsten, die sich auf göttliche Einsetzung beruft – näher zu kommen, sondern dadurch, daß er selbst etwas tut, daß in der eigenen Seele etwas geschieht, etwas, was jeder einzelne Mensch nur selbst zu tun und selbst zu leisten vermag.

Vielleicht liegt darin ein wirklicher Fortschritt in der Menschheitsentwicklung, daß das so ist. Dann wäre die Zersplitterung innerhalb des Christentums nicht nur Tragik und Verhängnis, sondern sinnvoller Schritt auf einem Entwicklungswege, der jeden Menschen zu größerer Selbstverantwortung und stärkerer Eigentätigkeit führt; der allerdings eines Tages über diese Zersplitterung hinaus wieder zu einer höheren Einheit hinleiten kann, dann aber aus innerster Einsicht des einzelnen in die Weltzusammenhänge, wenn nur konsequent, ehrlich und weit genug gegangen wird.[4]

Toleranz

Wer so denken kann, wird Toleranz gegenüber den Überzeugungen anderer Menschen aus Christlichkeit entwickeln. Mit Toleranz ist aber nicht Gleichgültigkeit gemeint, nicht das Bekenntnis zu einem beliebigen Pluralismus billiger *Meinungen*, sondern die Anerkennung des anderen Menschen in seinem tieferen Wesen, in seinem Erkenntnisringen und in seinem Wahrheitsstreben. Diese Toleranz beruht auf der Überzeugung, daß Wahrheitsstreben, wenn es nur ehrlich ist, schließlich jeden Menschen weiterführen wird, und daß nicht in einer vorgegebenen Dogmatik, welcher Art auch immer, sondern daß allein in solchem Streben letztlich die Sicherheit liegt, schließlich auch das *Ziel* des Weges zu finden und zu erreichen, trotz aller Irrtümer auf diesem Wege.

Diese Einsicht liegt dem christlichen Grundverständnis nicht fern. Denn schon in der Bergpredigt heißt es:

«Suchet – ihr werdet finden,

klopfet an – es wird euch aufgetan . . .» (Matthäus, 7,7)

Und im Johannesevangelium nennt sich der Christus nicht einfach «die Wahrheit», sondern – nicht unabsichtlich – fügt er zur Wahrheit die Worte «Weg» und «Leben» hinzu.

«Ich bin der Weg, die Wahrheit und das Leben. . .»

(Johannes 14,6).

Das heißt doch wohl: wer sich dem Christentum verbindet, wird auch mit der Wahrheit auf dem Wege sein und immer auch fragen, wie sich Wahrheit mit dem Leben verbindet und Leben mit der Wahrheit.

Wenn wir diesen Gedanken folgen, werden wir Toleranz sogar gegenüber den nichtchristlichen Religionen zu üben vermögen: nicht als ob es gleichgültig wäre, ob jemand Allah, Buddha oder Christus verehrt, ob er dem Judentum oder Hinduismus angehört. Es wäre geistig unredlich, die entscheidenden Unterschiede, die in der Menschheitsentwicklung doch alle ihre eigene und wichtige Bedeutung haben, zu verwischen und in eine oberflächliche Gleichmacherei aufzulösen.[5] Aber auch hier kann gesagt werden: wenn jemand ehrlich sucht auf *dem* Wege, den er eingeschlagen hat, wenn er Ernst macht mit der Ausgestaltung des religiösen und geistigen Lebens, das sich *ihm* von seinem Schicksal her eröffnet, dann wird er auch weitergeführt werden. Ein lauer, sogenannter Christ ist wahrscheinlich nicht weiter oder weniger weit auf dem Wege als ein ernster Buddhist, der «sucht und anklopft».[6]

Einem Mißverständnis sei hier vorgebeugt. Es könnte nun scheinen, als läge aus der Anthroposophie heraus für Fragen des Christentums kaum etwas an deutlichen Antworten, an überschaubaren Inhalten vor. Das wäre so nicht richtig. Wer mit der Anthroposophie zu arbeiten sucht, wird gerade zu der Überzeugung kommen, daß auch die tiefsten Fragen des Christentums heute – und in Zukunft immer mehr – dem Verstehen und Erkennen des Menschen zugänglich werden können und sollen, und daß auch auf diesem Felde der Erkenntnis eine sehr große Bedeutung zukommt. Es wird auch für die Zukunft wieder wichtig sein, aus Verständnis zu einem klaren Bekenntnis in den Fragen des Christentums zu kommen, und daß dieses Bekenntnis eine wirksame Kraft für das Leben entwickle. Nur müssen wir anerkennen, daß wir gegenwärtig auf diesem Felde durch eine Zone größter Unsicherheiten hindurchgehen, die uns im oben ausgeführten Sinne einerseits zur größeren Selbstverantwortung in unseren Lebensauffassungen und religiösen Überzeugungen erziehen können, andererseits zum Respekt vor der begründeten Lebensauffassung anderer.[7] Aber diese Zone der Unsicherheit kann nur ein Durchgang sein; sie muß durchlaufen werden, um einen Bereich neuer innerer Sicherheit auch auf religiösem Felde zu erreichen.

Das Christentum – weder Dogma noch Lehre, sondern Leben und Kraft

Diese Gedanken können aber noch weitergeführt werden. Denn es liegt auf der Hand – und dem Leser wird dieser Einwand bereits gegenwärtig sein –, daß das Christentum sich nie in Lehre und Dogma erschöpft hat (wenn auch zeitweise Intoleranz und Dogmatismus im Christentum zu Hause waren), sondern daß es wesentlich als *Gesinnung*, als *geistige Kraft*, als *christliche «Lebenshaltung»* zur Wirkung kommen will. Man kann geradezu sagen: Christus hat nicht so sehr eine neue Lehre gebracht; er hat sich selbst gebracht und an die Menschheit gegeben als *Quell der Verwandlung*, als *Kraft der Todüberwindung*, als *Macht zur Lebensbewältigung*. Der Quell, von dem diese Kraft ausgeht, ist Christus; er ist sowohl von der biblischen Überlieferung als auch von der Substanz und Wirklichkeit her zugänglich. Und was im Christentum als Lehre lebt, kann nur den Sinn haben, den Menschen auf Christus hinzuweisen und die innere Verbindung mit ihm zu ermöglichen. Nicht die Lehre Christi, sondern das Leben Christi und das Leben mit Christus, der «der Weg, die Wahrheit und (selbst) das Leben» ist, wäre dann das Ziel des Christentums.

Wenn wir auf diese wesentliche Seite des Christentums hinschauen

– das Christentum als Leben und Kraft, die mit Christus eins sind –,
dann können uns Tatsachen in Erinnerung kommen, die im Leben
und Wirken großer Menschen der Vergangenheit eine Rolle gespielt
haben. Viele solcher Tatsachen könnten erwähnt werden, die vom
Leben und der Kraft des Christentums zeugen; nur an eine sei hier
erinnert, die wohl zu den eindrucksvollsten der Gegenwart gehört
und im Schicksal des früh erblindeten Franzosen Jacques Lusseyran
eine Rolle spielt. Lusseyran schildert in seinem Buche «Das wiedergefundene Licht» nicht nur seine Erblindung und innere Lichterfah-
rung, seine Teilnahme am Widerstandskampf gegen die Nazis in
Frankreich, seine Zeit im Konzentrationslager «Buchenwald» – einen
Höhepunkt findet seine Schilderung dort, wo er sterbenskrank in die
Todesbaracke gebracht wird, um da – aufgegeben und verzweifelt –
sein Ende zu erwarten.

«Was ich hier sah – ich wußte genau, was das war: mein Körper
schickte sich an, diese Welt zu verlassen. Er wollte nicht ohne weiteres
hinübergehen. Er wollte überhaupt nicht hinübergehen. Ich spürte das
an den Schmerzen, die er mir schuf. Er wand sich nach allen Richtungen, wie es Schlangen tun, die man durchgeschnitten hat.

Habe ich gesagt, der Tod sei schon bei mir gewesen? Habe ich es
gesagt, so war das allerdings ein Irrtum. Krankheit, Schmerz, ja, aber
nicht Tod. Im Gegenteil – das Leben, erstaunlicherweise das Leben,
hatte ganz und gar von mir Besitz ergriffen: ich hatte noch nie so
intensiv gelebt.

Das Leben war eine Substanz in mir geworden. Sie drang mit einer
Kraft, die tausendmal stärker war als ich, in meinen Käfig ein. Sie
bestand nicht aus Fleisch und Blut – oh, gewiß nicht! –, nicht einmal
aus Ideen. Sie kam wie eine hell schimmernde Welle, wie eine Lieb-
kosung von Licht, auf mich zu. Ich konnte sie jenseits meiner Augen
und meiner Stirn, jenseits meines Kopfes, wahrnehmen. Sie berührte
mich, schlug über mir zusammen; ich ließ mich auf ihr treiben.

Aus der Tiefe meines Erstaunens stammelte ich Namen, oder nein,
ich sprach sie sicher nicht aus, sie erklangen von selbst: ‹Vorsehung,
Schutzengel, Jesus Christus, Gott.› Ich versuchte nicht, nachzuden-
ken. Für Metaphysik war noch viel Zeit! Ich sog an der Quelle. Und
dann trank ich, noch und noch! Diesen himmlischen Fluß wollte ich
nicht lassen! Ich erkannte ihn übrigens gut wieder: er war bereits
einmal zu mir gekommen, gleich nach meinem Unfall, als ich gemerkt

hatte, daß ich blind war. Es war dasselbe, stets dasselbe: das Leben, das mein Leben schützte. Der Herr hatte Mitleid mit dem armen Kerl, den er so hilflos liegen sah. Es ist wahr: ich konnte mir nicht selbst helfen. Ich wußte es jetzt . . . all die, die Macht besaßen, auch nicht. Das ließ mich lächeln.

Aber es gab da etwas, das an mir lag: die Hilfe des Herrn nicht zurückzuweisen. Diesen Hauch, mit dem er mich übergoß. Es war der einzige Kampf, den ich zu führen hatte – ein schwerer und wunderbarer Kampf zugleich –: ich durfte nicht zulassen, daß die Angst meinen Körper überfiel. Denn Angst tötet, Freude aber schenkt Leben.

Ich lebte langsam wieder auf. Und als eines Morgens einer meiner Nachbarn (ich erfuhr später, daß er Atheist war und glaubte, richtig zu handeln) mir ins Ohr brüllte, daß ich keinerlei Aussicht mehr habe davonzukommen und es besser sei, mich darauf vorzubereiten, lachte ich ihm als Antwort mitten ins Gesicht. Er verstand dieses Lachen nicht, doch er vergaß es niemals.

Am 8. Mai verließ ich das Revier auf meinen zwei Beinen. Ich war vom Fleisch gefallen, war verstört, aber ich war gesund. Ich war außerdem so glücklich, daß mir Buchenwald ein annehmbarer oder zumindest möglicher Ort schien. Wenn man mir kein Brot zu esssen gab, würde ich mich von Hoffnung nähren.

So war es dann auch: ich lebte noch elf Monate im Lager. . .»[5]

Aus einer solchen Schilderung geht besser als aus vielen theoretischen Worten hervor, wenn auch an einem außergewöhnlichen Beispiel, was gemeint sein kann, wenn wir vom Leben und der Kraft des Christentums sprechen: nämlich nicht nur eine ethische oder moralische Erkraftung für das Wohlverhalten des einzelnen Menschen, so wichtig und bedeutsam dies auch sein kann; auch nicht nur den Antrieb zu einer religiösen Verinnerlichung oder gar mystischen Vertiefung. Gemeint ist vor allem die Kraft zur Durchdringung und Verwandlung des alltäglichen Lebens, die Kraft, welche den Menschen über sich selbst hinaus erst wahrhaft zu sich selbst führt und damit auch erst wirklich zu den anderen Menschen. So ist charakteristisch, daß Lusseyran aus der geschilderten Todeserfahrung heraus vielen anderen Menschen im Lager ein Helfer, manchen ein Lebensretter werden konnte. Aus dem Erleben des «Stirb und Werde» wird bei ihm eine Kraft der Mitmenschlichkeit.

Wir sprechen also von christlicher Lebenspraxis. Damit muß aber noch viel mehr gemeint sein, als heute allgemein anerkannt wird. «Christliche Lebenspraxis» gilt als selbstloses Verhalten, als Hilfsbereitschaft und Aufopferungsfähigkeit, als Offenheit, Interesse, Liebe für andere Menschen – Fragen der Lebenshaltung, der Mitmenschlichkeit.

Was bedeutet das alles aber für meine *berufliche* Praxis? Ich bin zwar Christ, aber als Arzt bediene ich mich notwendigerweise der materialistisch ausgerichteten Medizin mit ihrer Chemie und Technik; ich kann durch meine Gesinnung und Mitmenschlichkeit gewiß sehr viel Gutes bei meinen Patienten bewirken – meine Diagnostik und Therapie jedoch hat schon vom methodischen Ansatz her wohl kaum etwas mit meinem Christentum zu tun.

Ich bin Landwirt und Christ – aber ich streue Kunstdünger auf meine Äcker und trage zur Ausbeutung der Erde bei, verletze damit aber nicht nur die Erde selbst, sondern den, der sagt: «Wer mein Brot ißt, tritt mich mit Füßen», und damit «den Leib des Herrn.» Ich bin Lehrer und Christ, bringe aber meinen Schülern als Naturwissenschaftler z. B. ein materialistisches Weltbild bei und untergrabe so jede Möglichkeit zu einer wahren religiösen Auffassung der Welt.

Die hier auftretende Diskrepanz zwischen Gesinnung und beruflicher Praxis, die ja zunächst weithin wohl unvermeidlich ist und keineswegs in billiger Art kritisiert werden soll, aber gesehen werden muß, betrifft heute alle Berufszweige: wie kann ich Christ sein auch in der Art, *wie* ich meinen Beruf ausübe? Das Christentum, die christliche Gesinnung, wird der Lebenspraxis Gewichtiges einfügen, diese Gesinnung wird ausstrahlen und nicht zu unterschätzende Bedeutung haben. Aber sie ist doch – scharf formuliert – nur Zutat, etwas nachträglich Hinzugefügtes zu dem, was seiner Entstehung nach ganz anderen Ursprungs ist. Wie die ersten Christen das Bedürfnis empfanden, die neue Botschaft ganz zu leben, also die Lebenspraxis von Grund auf aus derselben Gesinnung heraus zu gestalten, so kann es auch heute noch immer oder aufs neue ein berechtigtes Streben sein, dieser Einheitlichkeit in Was und Wie zu folgen. Genau dieses Problem hat aus der Anthroposophie heraus zu weitreichenden

Erneuerungsbestrebungen geführt; sie betreffen sowohl das «*Was*» – gebe ich Kunstdünger, allopathische Medikamente usw. oder nicht –, als auch das «*Wie*». Da ist es von Belang, als Arzt den Patienten bis in Anatomie und Physiologie hinein konkret so anschauen zu können, daß ich dabei nicht kausal-mechanistischen Vorstellungen verfalle, sondern mich zu einem geistgemäßen Menschenverständnis durcharbeiten kann, in welchem aber die konkreten Erscheinungen des menschlichen Leibes und seiner Krankheiten aufgenommen und sinnvoll gedeutet sind.[9] Da wird es wichtig sein, als Pädagoge das Kind in seinen einzelnen Entwicklungsphasen geistig, seelisch *und* leiblich – wiederum bis in Anatomie und Physiologie hinein – so kennen und verstehen zu lernen, daß die einzelnen pädagogischen Maßnahmen, ihr «Was» und «Wie», richtig angesetzt und aufgebaut werden können. Und da ist es durchaus eine pädagogische Frage, wann und wie z. B. die *notwendigen* intellektuellen Kräfte des Kindes richtig angeregt werden sollen, damit die Kräfte des Herzens nicht unnötig zugunsten des Kopfes im Kinde Schaden leiden: eine Frage z. B. an die Methodik des Schreiben-, Lesen- und Rechnen-Lernens, die in der Waldorfpädagogik zum erstenmal eine angemessene Berücksichtigung findet (neben vielem anderen).

Es ist wohl deutlich geworden, was wir meinen: Christlichkeit kann heute in der Praxis leben, in der pädagogischen Praxis z. B., auch wenn der Christusname nicht genannt wird. Pädagogische Methodik und Didaktik kann christlich werden bis in alle Einzelheiten des Unterrichts hinein. Selten zwar, aber gelegentlich doch, brachte Rudolf Steiner diese innere Zielsetzung der Waldorfpädagogik zur Sprache, so am Ende des ersten Schuljahres gegenüber den Schülern, wo er den Geist der Waldorfschule erwähnt. Dieser soll wieder zur echten Frömmigkeit ausbilden. Er ist im Grunde der Geist «des Christentums, der durch unsere Räume weht, der, von jedem Lehrer ausgehend, zu jedem Kinde hingeht, auch wenn etwas scheinbar von der Religion Fernstehendes gelehrt wird, wie zum Beispiel Rechnen. Hier ist es immer der Geist des Christus, der von dem Lehrer ausgehend, in die Herzen der Kinder einziehen soll, dieser Geist, der von der Liebe, von wahrer Menschenliebe durchwebt ist. Darum möchte ich, daß ihr Kinder empfindet, wie ihr nicht nur etwas gelernt habt, sondern auch nach und nach hier empfinden gelernt habt, was die Liebe des einen zum anderen ist.»[10] Hier bekommt

24

Christentum eine ganz andere Dimension als in Dogma und Moral-
forderungen. Das Ungenügen, das heute viele Menschen an einer
einseitig gewordenen Medizin, Landwirtschaft, Pädagogik usw. erleben, hängt wohl auch damit zusammen. Im «Wie» ebenso im «Was»
muß sich heute das Christliche immer mehr erweisen, und zwar eben
nicht allein in der Gesinnung, sondern in den Einzelheiten der Praxis,
im Handeln und Verstehen.

Worauf käme es bei einem solchen pädagogischen Ansatz letztlich
an? Wir haben es schon mit dem Hinweis auf «Kopf» und «Herz»
angedeutet – die «Hand» wäre noch hinzuzufügen: die im Menschen
liegenden Kräfte so zu *bilden* (nicht nur einseitig, intellektuell «aus-
zubilden»), daß sie dem Erwachsenen in freier Weise zur Verfügung
stehen. Nicht die Kenntnis genormter Wissensinhalte ist Ziel der
Pädagogik – auch nicht «anthroposophischer Wissensinhalte» –, sondern Bildung der Fähigkeiten von Kopf, Herz und Hand an der *Art*,
wie Wissen vermittelt wird, damit urteilsfähige und lebensvolle
Menschlichkeit entsteht: die Fähigkeit, *Wege* zur *Wahrheit* zu gehen
und Wahrheit mit *Leben*, Leben mit Wahrheit zu durchdringen: ein
christliches Ideal. Daß darüber hinaus dann auch ein freier christlicher Religionsunterricht in der Waldorfschule seinen Platz hat und
sinnvoll ist, wird in einem eigenen Beitrag (Helmut von Kügelgen)
dargestellt.

Anmerkungen

1 Daß eine christliche Kirche heute ohne Dogmatismus möglich ist, zeigt
   die Existenz der Christengemeinschaft (1922 gegründet), die ihren Pfar-
   rern Lehr-, ihren Gemeindegliedern Bekenntnisfreiheit gewährt. Das
   Zusammenhaltende liegt im Kultus.

2 Wir erinnern an die Arbeiten von Hans Küng, Schillebeeckx u. a., die
   auch in der Öffentlichkeit ein breites Echo haben. Rudolf Augstein hat
   in seinem Buch «Jesus-Menschensohn» ein niederschmetterndes Fazit
   aus der theologischen Entwicklung gezogen.

3 Die Anthroposophie, der Unchristlichkeit vorgeworfen wird, ist es
   gerade, die die Formulierungen des alten christlichen Credo auch heute
   verständlich machen und ihren tiefen Wahrheitsgehalt aufdecken möchte und kann.

4 Auch hier wird aus der Anthroposophie heraus entscheidende Hilfe möglich sein, da sie dem Verständnis zu erschließen vermag, was für den bloßen Glauben unsicher geworden ist.

5 Die Anthroposophie kann zeigen, daß jede der großen Religionen im Zuge der Menschheitsentwicklung ihre Aufgabe und Berechtigung hat, aber auch spezielle geistige Kräfte zur Wirksamkeit bringt (Judentum z. B. als klassische Volks-Religion); im Christentum liegt demgegenüber von vornherein etwas Menschheitliches, wenn es auch oft seinerseits einseitige Ausprägungen erfahren hat.

6 Das gilt auch für die Anhänger der Anthroposophie. – Eine Vertiefung erfährt der hier angedeutete Gedanke, wenn man mit einbezieht, daß der Mensch nicht nur ein Erdenleben für seine Entwicklung zur Verfügung hat.

7 In der Pädagogik kann diese Haltung darin ihren Ausdruck finden, daß das selbständige Erkenntnisvermögen der Schüler Schritt für Schritt angeregt und entwickelt wird, statt Dogmen zu vermitteln – und seien es auch «anthroposophische», was ein Widerspruch in sich selbst wäre.

8 Jacques Lusseyran: Das wiedergefundene Licht, Gütersloh [8]1977, S. 198 ff.

9 Vgl. Friedrich Husemann/Otto Wolff: Das Bild des Menschen als Grundlage der Heilkunst, 3 Bde. Stuttgart [4]1986.

10 24.7.1920, in: GA 298, Rudolf Steiner in der Waldorfschule. Ansprachen für Kinder, Eltern und Lehrer, Stuttgart 1958, S. 52 f.

MICHAEL DEBUS

Anthroposophie – eine neue Offenbarung?

Wer heute der Anthroposophie begegnet, trifft auf sie oft in praktischen Einrichtungen innerhalb unserer Gesellschaft, etwa in Einrichtungen der Pädagogik (Waldorfschulen und Kindergärten) und Heilpädagogik (Heime und Tagesstätten), der Medizin (Krankenhäuser,
besondere Therapiemethoden) oder in der Landwirtschaft (biolo-
gisch-dynamischer Anbau), um nur einige zu nennen. Die praktische
Fruchtbarkeit anthroposophischer Ideen erweist sich dabei fast
immer unmittelbar, und selten wird auf diesem Felde die Anerkennung verweigert.

Anders wird das Bild, wenn auch die weltanschauliche Grundlage
solcher in der Praxis positiv beurteilter Einrichtungen ins Auge gefaßt
wird, also die Anthroposophie selbst, die auf Rudolf Steiner zurück-
geht. Hier wird der, dessen Weltanschauung an den katechetischen
Grundlinien der kirchlichen Konfessionen orientiert ist, leicht auf
Ungewohntes stoßen und damit womöglich für ihn auch Befremdliches. Ein vermeintlich wahrgenommener (dem Wesen der Anthroposophie in Wirklichkeit zutiefst fremder) «Wahrheitsanspruch»
anthroposophischer Gedanken, der scheinbar «Glauben» fordert,
kann schließlich die Frage nahelegen, ob die Anthroposophie nicht
überhaupt als eine neue *Offenbarung* antrete und sich damit in
Gegensatz zu den kirchlichen Konfessionen stelle. Dementsprechend
treten begriffliche Abgrenzungen auf, und es werden Kennzeichnun-
gen auf die Anthroposophie angewandt, die vom weitläufigen «Synkretismus» bis zur kämpferisch abzuwehrenden «neugnostischen Irr-
lehre» reichen (letzteres im angesehenen katholischen «Lexikon für
Theologie und Kirche», Freiburg). Wir wollen dieser Problemstel-
lung, in der Anthroposophie als Offenbarung erscheint, an die man
glauben muß, näher nachgehen.

Zunächst ließe sich die Frage leicht beantworten, wenn «Offenbarung» im einfachen Sinn als «Enthüllung einer ihrem Wesen nach

verborgenen Wirklichkeit» (dtv-Lexikon) verstanden würde. Danach wäre die Anthroposophie als eine Wissenschaft, die das Übersinnliche in ihre Forschung einbezieht («Geisteswissenschaft»), ganz sicher zugleich auch Offenbarung.

Sehr viel komplizierter wird die Frage, wenn im konfessionstheologischen Sinne «Offenbarung» als das der (christlichen) Religion zugrundeliegende Prinzip verstanden wird. Hier müssen erst einmal bestimmte theologische Positionen bewußt gemacht werden.

Für die reformatorische Theologie ist das allein anerkannte Prinzip der Offenbarung die Heilige Schrift des Alten und Neuen Testamentes. Auch wenn die extreme Position des «sola scriptura»-Prinzips (allein die Schrift gilt) als überholt betrachtet werden kann und die historisch-kritische Forschungsmethode in der Bibelwissenschaft die Textgestalt des Neuen Testamentes inzwischen in bloße Einzelteile aufgelöst hat, die allein «formgeschichtlich» untersucht werden, so hat der Grundsatz, daß das Neue Testament das ausschließliche Kriterium für «Christlichkeit» ist, für diese Position unverändert seine Gültigkeit. Sogar wenn aus den eigenen Forschungsmethoden der protestantischen Theologie die Legitimation dafür fragwürdig erscheint, lebt im kirchlichen Raum dennoch die Gleichsetzung von «unbiblisch» mit «unchristlich» als eine Art Dogma.

Anders ist die Situation der katholischen Theologie. Für sie ist die Bibel nicht das einzige Prinzip der Offenbarung, sondern daneben auch noch die «Tradition» (Überlieferung). Das Zweite Vatikanische Konzil stellt fest, daß Tradition und Heilige Schrift «demselben göttlichen Quell» entspringen. «So ergibt sich, daß die Kirche ihre Gewißheit über alles Geoffenbarte nicht aus der Heiligen Schrift allein schöpft»[1]. Im Sinne dieser theologischen Auffassung gibt es durchaus religiöse (Offenbarungs-)Inhalte, die zwar «unbiblisch», aber dennoch «christlich» sind, wie z. B. die Liturgie oder die Institution des Amtspriestertums. Ihre Rechtfertigung liegt mehr oder weniger ausschließlich in der «Tradition». Dieser Standpunkt des kirchlichen Lehramtes läßt sogar Raum für neue Inhalte, jedenfalls gibt es für die Tradition «in der Kirche unter dem Beistand des Heiligen Geistes einen Fortschritt: Es wächst das Verständnis der überlieferten Dinge und Werte . . .»[2].

Wir halten zunächst fest, daß unbeschadet der Antwort auf die oben gestellte Frage nach dem Offenbarungscharakter der Anthroposophie in der protestantischen Theologie grundsätzlich kein Raum für neue Aussagen in bezug auf den positiven Inhalt des Christentums vorhanden ist, insofern eben dieser allein in den expliziten Aussagen der Bibel gesehen wird. Im Gegensatz dazu gibt das Lehramt der katholischen Kirche hierfür Raum im Sinne eines «Fortschrittes» der Tradition, allerdings nur so weit sich neue Aussagen als Explikation des schon überlieferten Glaubensschatzes (despositum fidei) erweisen lassen. Nicht die Tatsache, ob einzelne Aussagen der Anthroposophie über das Christentum «biblisch» sind oder nicht, entscheidet also aus katholischer Sicht über deren «Christlichkeit», sondern das kirchliche Lehramt, dem «Glaubensgehorsam» (oboeditio fidei) zu leisten ist, weil es allein den Sinn der Offenbarung, die in der Kirche überliefert wird, «verbindlich zu erklären» (authentice interpretare) vermag.

Die Offenbarung ist also sowohl im protestantischen als auch im katholischen Verständnis für den einzelnen Gläubigen die «verbindliche Lehre». Einmal findet sich die verbindliche Lehre in der Bibel – wobei es aber immerhin möglich ist, die Stringenz dieser Verbindlichkeit jeweils zu befragen, indem es keineswegs klar ist, was nun genau «biblisch» oder «unbiblisch» ist. Ein Blick in die Geschichte biblischer Exegese kann das leicht bestätigen. Auf der anderen Seite gibt es die verbindliche Lehre des katholischen Lehramtes, das eine von der Bibel größere Unabhängigkeit hat, festzustellen, was als «geoffenbart» gelten kann, das aber dafür in seiner Lehräußerung ein um so größeres Maß an abgestufter Absolutheit zeitigt bis hin zur «Unfehlbarkeit». Um hier noch etwas in Frage zu stellen, dafür gibt der geforderte Glaubensgehorsam im allgemeinen nur wenig Raum.

Vor diesem Hintergrund kann der besondere Charakter der Anthroposophie deutlich in Erscheinung treten. Unter einem gewissen Gesichtswinkel ist auch die Anthroposophie eine Lehre. Und nur, insofern in der religiösen Institution der Kirche auch eine (aus der gegebenen Offenbarung erschlossene) Lehre vermittelt wird, gibt es überhaupt Berührungs- und Vergleichspunkte zwischen Kirche und Anthroposophie. Nachdem wir uns aber den Verbindlichkeits-charakter kirchlicher Lehre, die Glauben fordert, bewußt gemacht haben, kann auffallen, wie verschieden davon anthroposophische «Lehre» ist. Anthroposophie fordert nicht nur keinen «Glaubensgehorsam», Rudolf Steiner wendet sich sogar ausdrücklich gegen jede Art von Lehrautorität innerhalb der Anthroposophie. Nichts soll «aufgenommen werden auf Autoritätsglauben hin. Niemals sollte die Phrase auftreten, daß Wahrheiten nur aufgenommen werden, weil ich sie sage!»[3] Der Anthroposophie läßt sich adäquat also überhaupt nur in vollständiger Freiheit begegnen; es soll in bezug auf sie nichts geglaubt werden, was nicht auch dem denkenden Verstehen zugänglich ist. Das heißt, die einzige «Forderung» der Anthroposophie ist, das Denken von allen Vor-Urteilen, auch dogmatischer Art, frei zu machen. «Dann kann jeder Mensch sie verstehen, der unbefangene Logik und gesundes Wahrheitsgefühl anwenden will.»[4] Er wird nach eigenen Kriterien suchen müssen, ob er die so verstandenen anthroposophischen Gedanken auch anerkennen, d. h. glauben will. Glauben ist immer ein ureigener Vollzug der Persönlichkeit, ein freier Akt der Bejahung, der seinem eigentlichen Wesen nach niemals «gefordert» werden kann. Daß die Anthroposophie sich als Vollzug eines Erkenntnisprozesses zeigt, schließt Glauben nicht aus, sondern vielmehr ein. Nur wenn das Erkannte auch geglaubt werden kann, bildet es eine neue Wirklichkeit.

Den Weg zu dieser Wirklichkeit kann keine äußere Autorität weisen, jeder muß ihn sich selbst bestätigen. So wird Anthroposophie «auf jeden, der allseitiges, durch kein Vorurteil getrübtes Denken und rückhaltloses Wahrheitsgefühl in sich wirken läßt, den Eindruck machen können, daß durch sie an die Rätsel des Menschenlebens und die Welterscheinungen auf eine befriedigende Art herangetreten werden kann. Man stelle sich nur einmal auf den Standpunkt der Frage: Gibt es eine befriedigende Erklärung des Lebens, wenn die Dinge wahr sind, die da behauptet werden? Und man wird finden, daß das Leben eines jeden Menschen die Bestätigung liefert.»[5] Anthroposophie kann also durch das Leben eine Bestätigung finden, wodurch sich ihr Wahrheitsgehalt erweist. Ein Beweis ist das aber nicht. Anthroposophie kann gar nicht im gewöhnlichen Sinne bewiesen werden. Ihre Erkenntnisinhalte sind auch nicht «zwingend» wie etwa mathematische Sätze. Sie haben eher die Qualität etwa einer Selbsterkenntnis, die auch nur so weit eine Wirklichkeit ist, als ich sie selbst «wahrhaben will». Trotz der Freiheit gegenüber der Selbsterkenntnis, trotz der Tatsache, daß sie von meinem Wollen abhängt, ist sie, einmal erkannt, objektiv gegeben und ihr Wahrheitsgehalt unabhängig von mir. In ähnlicher Weise ist Anthroposophie objektiv und deshalb Gegenstand einer Geisteswissenschaft, zugleich aber erschließt sie sich nur – im Unterschied zur kirchlichen Dogmatik –, wenn ihre Inhalte nicht auf Autorität hin übernommen, sondern im freien Erkenntnisvollzug ergriffen und dadurch geglaubt werden. So ist Anthroposophie in erster Linie Wissenschaft (von da erst abgeleitet auch Lehre), sie ist nicht Religionsübung. Deshalb läßt sie auch das religiöse Leben des einzelnen unangetastet. Das schließt aber durchaus ein, daß durch Anthroposophie auch das individuelle religiöse Leben befruchtet werden kann, insofern festgestellt wird, «... Anthroposophie führt zu Ergebnissen, die jedem Menschen ohne Unterschied der Nation, des Standes, der Religion als Anregung für das geistige Leben dienen können ...» (Prinzipien der Anthroposophischen Gesellschaft, § 3).

Als Wissenschaft im beschriebenen Sinne ist Anthroposophie also nicht eine Offenbarung; es wäre das größte Mißverständnis, sie als solche aufzufassen und ihr dann im ähnlichen Sinne «Glauben» entgegenzubringen, wie das aus den kirchlichen Prinzipien der Offenbarung abgeleitet wird. Deshalb kann auch nicht sachgemäß behauptet werden, die Anthroposophie trete als eine zusätzliche und fremde Offenbarungsquelle neben die Evangelien, ihnen gleich oder gar übergeordnet. Aus der Tatsache, daß sich in der Anthroposophie Darstellungen einer Christologie finden, die im eng verstandenen Sinn «unbiblisch» sind, sind solche Urteile nicht ableitbar. Denn eine Glaubensforderung ist damit nicht verbunden, und es ist zu sagen, (hier durchaus parallel mit der katholischen Lehrtradition), daß solche Elemente der anthroposophischen Christologie (katholisch entsprechend: der Tradition), die nicht von ausdrücklichen Bibelaussagen gestützt werden, durchaus nicht *gegen* die Bibel stehen im Sinne eines Widerspruchs. Hier ist bis jetzt eine ernsthafte Auseinandersetzung mit der Anthroposophie von theologischer Seite aus unterblieben, in der es auch möglich geworden wäre, dem Ungewohnten zunächst vorurteilslos zu begegnen. Aus der gegenwärtigen Erkenntnislage innerhalb einer durch Anthroposophie befruchteten und erneuerten Theologie läßt sich jedenfalls nirgends ein Widerspruch zum Kanon des Neuen Testamentes ausmachen; im Gegenteil, manche scheinbaren Widersprüche im Neuen Testament werden verstehbar und heben sich auf, so daß vielleicht eine tiefere und bedingungslosere Wertschätzung der Heiligen Schrift möglich wird, als sie sich aus den Forschungsansätzen in der gegenwärtigen Theologie sonst ergibt. Ein wesentlicher Teil anthroposophischer Christologie gehört also dem Gesamtbereich der neutestamentlichen Offenbarungen an und bedeutet Klärung, Verdeutlichung und Vertiefung, d. h. einen Fortschritt im Verständnis.

Wie steht es mit dem weiten Feld anthroposophischer Geisteswissenschaft, das nicht diesen offensichtlichen Zusammenhang mit der neutestamentlichen Offenbarung hat? Denken wir nur an die anfangs erwähnten Gebiete von Pädagogik, Heilpädagogik, Medizin, Landwirtschaft. Gerade weil die Anthroposophie als Lehre, wie wir oben gehört haben, keine Stütze finden kann in der Autorität eines Offenbarungsträgers, ist sie in ihrer Lehrform auch nicht Offenbarung (insbesondere nicht im kirchlichen Verständnis); sie ist höchstens «Anregung für das geistige Leben» des Hörenden. Im mitvollziehenden Erkenntnisprozeß allerdings kann sie dann für den einzelnen und im einzelnen «Offenbarung» werden. Formelhaft könnte man sagen: Im Raum der Kirche offenbart sich die Wahrheit in gleicher Gestalt für alle. Im Raum der Anthroposophie offenbart sich die Wahrheit für jeden verschieden und individuell. In der Lehre darf Anthroposophie niemals als Offenbarung hingenommen werden. Sie kann erst zur Offenbarung werden aus individuell vollzogener Erkenntnis. So gibt es eine fruchtbare Polarität in der Art, wie Offenbarung im kirchlich-religiösen Bereich auftritt und wie Offenbarung sich im Raum der Anthroposophie verwirklicht. Für den einzelnen kann darin eine wertvolle Ergänzung erfahren werden.

Anmerkungen

1 18.11.1965; Dogmatische Konstitution über die göttlichen Offenbarungen; Kap. 2, Art. 9.
2 A. a. O., Art. 8.
3 Die okkulte Bewegung im 19. Jahrhundert und ihre Beziehung zur Weltkultur, GA 254, Dornach [3]1969, Vortrag vom 18.10.1915.
4 Rudolf Steiner: Theosophie. Einführung in übersinnliche Welterkenntnis und Menschenbestimmung, GA 9, Dornach [30]1978, S. 20.
5 A. a. O., S. 20 f.

ARNOLD SUCKAU

Anthroposophie und häretische Strömungen

I. Zum Vorurteil, die Anthroposophie entlehne ihre Inhalte aus älteren Geistesströmungen (Gnosis, Buddhismus usw.)

Kritiker machen immer wieder den Einwand, die Anthroposophie sei Synkretismus. Ihr Begründer habe also aus verschiedenen älteren Geistesströmungen lediglich Inhalte entnommen und sie zu einem neuen System kombiniert, unterschiedliche Bestandteile zu neuer Einheit verschmolzen. Zwar ist Steiner selber wiederholt auf diesen Einwand eingegangen und hat ihn zurückgewiesen (als Beispiele seien genannt: die Vorrede zur letzten Auflage der «Geheimwissenschaft im Umriß» oder das 26. Kapitel von «Mein Lebensgang»), die meisten Kritiker aber können das dort Gesagte nicht einmal als Möglichkeit nachvollziehen. Sie sind von vornherein davon überzeugt, daß es andere als die heute offiziell ausgeübten und anerkannten Erkenntnisfähigkeiten prinzipiell nicht geben kann. So ist gerade eine logische Folge, daß sie von diesen Voraussetzungen aus die Entstehung der Anthroposophie anders erklären müssen, als diese selbst es tut. Ob das nach den von ihnen selbst angelegten Kriterien legitim ist, muß fraglich sein, wissenschaftlich jedoch ist es keineswegs. Daß die Kritiker etwa Steiner sachlich Unrecht tun könnten, rührt sie gar nicht. Sie glauben es besser zu wissen; und sie würden tatsächlich – einmal gesetzt, sie wollten selbst ein neues Weltbild aufbauen, das Übersinnliches einbezieht – nur so verfahren können, wie sie es Steiner vorwerfen: sie könnten nur das vorliegende historische Material aufgreifen, auswählen und weiterkombinieren, systematisieren und neu gruppieren – genau das aber wäre Synkretismus.

Es soll nicht bestritten werden, daß in der Welt vieles nach diesem Muster gemacht wird. Wer in dieser Richtung aber die Anthroposophie zum Zerrbild macht, zu etwas, was sie gar nicht ist, der zeigt, daß er nicht zu unterscheiden vermag. Er bekommt bei aller «Auseinandersetzung» damit die Anthroposophie selber gar nicht zu Gesicht. Ein wirklich neues Phänomen wird sich entziehen, wenn es lediglich eingeordnet werden soll in bereits bekannte, gewohnte Raster. Die Anthroposophie ist keineswegs aufgewärmte Gnosis. Wer das behauptet, wendet das griechische Fremdwort (Gnosis = Erkenntnis) ja nicht unbefangen und sachlich an, sondern meint damit eine alte Geistesströmung, die im frühen Christentum verbreitet war und die christliche Kirche irritierte, bis sie von ihr scharf bekämpft und ausgerottet wurde und danach nur noch in Untergrundsströmungen weiterfließen konnte. Was von der Gnosis historisch – bis zur Mitte dieses Jahrhunderts überwiegend nur durch Schriften ihrer Gegner – bekannt geworden ist, erweist sich einem Bewußtsein, das ebenso unbefangen wie kritisch – und nicht nur eines von beiden – ist, als eine Mischung alter verdämmernder, aber durch Schauen gewonnener Weisheit und einer Gedanklichkeit, die das alles durchdringt, getragen von einer elegischen Stimmung, einer tiefen Sehnsucht, allem Irdischen enthoben werden zu können. Der «gnostisch» erfaßte Christus übermittelt als Heilslehrer die heiligen Paßworte, die der Geistseele nach dem Tode die Tore zu ihrer himmlischen Heimat öffnen sollten. Die Heilstat der Inkarnation Christi, insbesondere sein Kreuzestod und seine das Erdenmenschentum in seine Göttlichkeit wandelnde und so für die Zukunft bewahrende Auferstehung, blieben der Gnosis einst und in allen ihren Nachwirkungen verschlossen. Tragischerweise verlor die christliche Kirche in dem Kampf gegen diese Gnosis ihr Gleichgewicht und nahm für alle folgenden Zeiten eine «antignostische» Tendenz – jetzt rein sachlich verstanden als gegen jede übersinnliche Erkenntnis gerichtet – in sich auf. Die affekthafte, erregte Bekämpfung der Gnosis durch manchen alten Kirchenlehrer ist ein Beweis für das verlorene Gleichgewicht. Eine neue theologische Arbeit[1] mündet dagegen in den Satz ein: «Der ökumenischen Theologie wird sich die Reintegration der Gnosis im historischen Regreß (Zurückgehen) zur verlorenen Fülle des christlichen Glaubens als unverzichtbar letzte Aufgabe stellen.»

Anthroposophie kann «Gnosis» nur dem sachgemäßen Wortsinne nach als höhere Erkenntnis sein. Sie hat mit der historischen Gnosis (auch Gnostizismus genannt) nichts zu tun.[2] Sie wurde erst im naturwissenschaftlichen Zeitalter und als weiterführende Metamorphose der Naturforschung in die Geistesforschung möglich. Auf neue und unabhängige Art kommt sie allerdings dann auch zur «verlorenen Fülle» spiritueller Tatsachen, zu einem zeitgemäßen erweiterten Weltbild, in deren Mitte das Christusereignis steht.

Ebenso unsinnig ist der Vorwurf der Abhängigkeit vom Buddhismus oder verwandten östlichen Kulturgütern. Für eine oberflächliche Sicht – aber eben nur für sie – bieten sich sogar zwei Quellen hinsichtlich dieses Vorwurfs an. Steiner war von 1902 bis 1912/13 Generalsekretär der deutschen Sektion der Theosophischen Gesellschaft, die von H.P. Blavatsky gegründet und seinerzeit von Annie Besant geistig geführt wurde. Er war von daran Interessierten gebeten worden, sich dieses neuen Einschlags im Kulturleben bei Zusicherung absoluter Lehrfreiheit anzunehmen. Obwohl Steiner hier die Menschen fand, die für übersinnliche Erkenntnisse ein offenes Ohr hatten, brauchte er lange Zeit, sich zu einer bejahenden Antwort auf das Angebot durchzuringen. Dann lehrte der Begründer der Anthroposophie zehn Jahre lang im Rahmen dieser Theosophischen Gesellschaft und versuchte, den Menschen die moderne Geisterkenntnis nahezubringen. Da die Theosophische Gesellschaft vom orientalischen Geistesleben wesentlich inspiriert war, blieb das Bild Rudolf Steiners in den Augen der Kritiker und Gegner der Anthroposophie bis heute durch diese Rahmen-Tatsache gezeichnet. Man kann daran ermessen, daß es für Steiner durchaus ein Opfer darstellte, auf die Gelegenheit, «nicht verstummen zu müssen», im Rahmen dieser vorgegebenen Bedingungen, einzugehen.[3]

Ein prominentes Mitglied der Theosophischen Gesellschaft bemerkte sehr früh, wie anders alles war, was von Steiner gelehrt wurde im Vergleich zu der überlieferten Lehre in der Theosophischen Gesellschaft. Er schrieb deswegen an Frau Besant einen besorgten Brief. Am 7.6.1907 antwortete sie an Hübbe-Schleiden aus London: «Dr. Steiner's occult training is very different from ours. He does not know the eastern way, so cannot, of course, teach it . . .» Die Leiterin der Theosophischen Gesellschaft, die es gewissermaßen am besten wissen mußte und die es natürlich am liebsten anders gehabt hätte, legt hier ein eindeutiges Zeugnis ab, das man nicht übersehen darf. Wer es ignoriert, verliert seine Seriosität als Kritiker der Anthroposophie.

Doch wie steht es mit der auch in der Anthroposophie vertretenen

Lehre der wiederholten Erdenleben und den Gesetzen des selbst mitverursachten Schicksals? Liegt hier nicht eine Übernahme buddhistisch-hinduistischer Lehren vor? Schon der Blick auf Lessings komprimiertes, aber gewichtiges kleines Werk «Die Erziehung des Menschengeschlechts» (1780) sollte vor der Vorstellung einer bloßen Entlehnung des Reinkarnationsgedankens aus einer fernen östlichen Religion warnen. Am Ende seiner Schrift entwirft Lessing diese Idee mit einer im Osten ganz unbekannten Sinn-Intention, die den geschichtlichen Gesamtprozeß durch wiederholte Teilnahme der menschlichen Individualitäten an ihm vernunftgemäß verstehen lehrt. Wie die Menschheit durch die Offenbarungen des Alten und Neuen Testamentes zu lernen hat, im Dekalog und den Büchern Mose den Gehorsam gegenüber dem Gesetz, durch Christi Tat die Liebe, so hat der einzelne unvollkommene Mensch sich immer umfassendere Fähigkeiten anzueignen. Nun vermag niemand *zugleich* gläubiger, gesetzesstrenger Jude und liebender Christ zu sein, wohl aber vermag er im *Nacheinander,* sich die entsprechenden Fähigkeiten anzueignen durch wiederholte Erdenleben. Im § 98 heißt es: «Warum sollte ich nicht so oft wiederkommen, als ich neue Kenntnisse, neue Fertigkeiten zu erlangen geschickt bin? Bringe ich auf Einmal soviel weg, daß es der Mühe wieder zu kommen etwa nicht lohnte?» Diese vom «Mensch erst noch werden, nicht schon sein» ausgehende Auffassung ist vom östlichen Wiederverkörperungsgedanken ganz verschieden, sie ist ein europäischer Beitrag der Aufklärung Lessings. An ihn knüpft Steiner der Intention nach an. Nur handelt es sich bei Steiner nicht nur um einen Ideenentwurf, sondern um eine erforschbare Erfahrungstatsache. Geistige Tatsachen aber können prinzipiell, wenn die Bedingungen dazu vorliegen, von verschiedenen Menschen zu verschiedenen Zeiten und an verschiedenen Orten unabhängig voneinander gefunden werden.

Auf ein drittes Element innerhalb der Synkretismus-Hypothese, nämlich auf die Entlehnung aus dem geschichtlichen Rosenkreuzertum, könnte in ähnlicher Art richtigstellend eingegangen werden. Das soll aber hier unterbleiben.

Anthroposophie betont den menschlichen Anteil an der gedeihlichen Weiterführung des Werdens der Menschheit, der Erde, der Evolution. Zwar ist dieser eigene Anteil des Menschen von Anfang an in der Menschenwürde mit angelegt, aber der Mensch mußte erst dazu heranreifen, auf seinen aktiven Anteil angesprochen zu werden. In der Vergangenheit des Christentums ist diese Ansprache weitgehend versäumt oder bald wieder zugedeckt worden. Heute sprechen die Zeichen der Zeit deutlich davon, daß Gott etwas von den Menschen erwartet, daß wir als Menschen Verantwortung für die Zukunft der Erde übernehmen müssen (atomare, chemische Bedrohung), daß also unser eigener menschlicher Anteil unvermeidbar in die Aufmerksamkeit gerückt ist.

Die Gefahr der Selbst-Überheblichkeit lauert überall, wo Menschen sind. Dem tragen auch die Wegleitungen Rechnung, durch die in der Anthroposophie zu höheren Erkenntnissen hingeführt werden soll. In diesem Sinne hören wir, daß der Geistesschüler alles tun muß, um die in seinem Menschentum veranlagten, von Gott ihm gegebenen, heute noch schlummernden Kräfte zu entwickeln. Er macht sich, wird er aktiv, reif zu deren Empfang. Aber er kann dennoch nicht selbst bewirken, daß die geistige Welt ihm erfahrbar wird. Die Erfüllung dessen, was er innerlich vorbereitet hat, kann er nur abwarten. Er bleibt ganz auf den Offenbarungswillen der höheren Welt angewiesen. Auch wenn die Geistesforschung nicht fortwährend von Gnade redet, kennt sie diese als letzte Instanz. Nicht so sehr verbal als praktisch hat sie mit dem Gnadenerweis zu tun.

Wenn das Angedeutete auch die ganze anthroposophische Betätigung durchzieht – nämlich das Paradoxon von wissenschaftlich-methodisch geregelter höchst aktiver Geöffnetheit für das Unverfügbare – so legt Anthroposophie doch Wert auf ein stufenweises Hinführen von den elementaren zu den höheren Wahrheiten. Dabei lehrt die moderne Geisteswissenschaft und deren Begründer nicht in einer Sprache, die persönliche Ergriffenheit verrät. Mit voller Absicht dämpft er das persönliche Erleben, um die freie besonnene Aufnahmefähigkeit des Hörers oder Lesers nicht zu beeinflussen. Wer ein apostolisch-prophetisches Auftreten, wie es früher berechtigt war, für ein Kriterium der Echtheit hält, wird den sachlichen Duktus der Darstellung und Aussage in seiner Achtung vor der freien Urteilsbildung erst schätzen lernen müssen, um anthroposophische Darstellungen höherer Wirklichkeiten und Geheimnisse nicht mißzuverstehen. Sie wollen gerade gar nichts beim anderen «bewirken», sondern allein die Seelenaktivität anregen, die zur eigenen Einsicht führen kann.

Anthroposophie sieht die Erlösungsbedürftigkeit des Menschen in einem urgeschichtlichen, wirklichen Ereignis begründet, auf das die religiösen Traditionen mit dem Bildbegriff des «Sündenfalls» deuten. Moderne theologische Bemühungen, dieses Ereignis zu verstehen, zeigen tastende Unsicherheit. Was liegt da vor? Persönliche oder menschheitliche Verfehlung? Wir stehen an der Grenze des Persönlichen und Unpersönlichen.

Die neuere Theologie tut sich schwer damit, hinter dem biblischen Mythos vom Sündenfall (Genesis 3) den realen Vorgang zu erfassen. Sie anerkennt die das persönliche Schuldigwerden übergreifende Macht des Bösen in der Menschheit als Tatbestand. Der Mensch könne diesen nur in seiner Unheimlichkeit erfahren, aber eigentlich nicht erklären. Das gegenwärtige Bewußtsein könne in dem mythischen Bild keine wirkliche Begründung, kein wirkliches Ereignis sehen, das irgendwann einmal stattgefunden hat, sondern nur ein den Ernst der Sünde unterstreichendes Zeichen. Die Anthroposophie behandelt den Sündenfall als ein tatsächliches Ereignis der menschlichen Urzeit, in der allerdings die Lebens- und Bewußtseinsverhältnisse grundlegend anders als die heutigen waren, ja sogar grundlegend anders als sie für jene Urzeit von der landläufigen Paläontologie rekonstruiert werden. Auch Steiner ringt mit dem sprachlichen Ausdruck für eine angemessene Beschreibung des Vorgangs. Er ist weder nach dem Modell unpersönlicher Naturwirkungen, noch nach dem Modell heutiger Einwirkung von Person zu Person, also einem moralischen bzw. unmoralischen Geschehen, vorzustellen.[4] Die bleibenden Folgen dieses einmaligen Ereignisses bilden dann den Zustand der Erbsünde, auf den sich die Erlösungstat Christi bezieht.

Indem der Sündenfall sich auswirkt, *wird* der Mensch zwar – und auch das erst allmählich – ein Wesen, das auf sich selbst gestellt eigene verantwortliche Entscheidungen fällen kann. Aber der Sündenfall hat auch die menschliche Konstitution tiefgreifend verändert. Sie ist seitdem von ihrem göttlichen Ursprung mehr oder weniger losgelöst und in die Gottwidrigkeit eingetaucht. Sie konnte sich aus eigener Kraft von ihrem Grunddefizit nicht befreien. Den Ausgleich führte erst die Christus-Tat herbei, durch die Menschwerdung, den Tod und die Auferstehung Christi. Durch seine Opfertat hat Christus auf den verschiedensten Ebenen die menschliche Natur wiederhergestellt, erneuert und erhoben – teils unterbewußt allen Menschen zugute kommend, teils aber auch auf die bewußte aktive Aneignung durch menschliches Streben angelegt.

Die Anthroposophie sieht in der Erbsünde keineswegs einen Zustand, der, nachdem er einmal eingetreten ist, immer gleichbleibt, sondern einen sich fortlaufend immer mehr auswirkenden Prozeß. Weil sie wirkt, kann das göttliche Erbe, das der menschlichen Konstitution mitgegeben war, nicht bereichert, sondern nur verschlechtert werden, bis es stufenweise überhaupt verloren geht.[5] Die Erbsünde ist hier nicht statisch-transzendent, sondern dynamisch-konkret erfaßt. Entsprechend liegt in der Aneignung der Erlösungstat Christi nicht ein abstraktes Heil, sondern die stufenweise Neuerringung dessen, was die Fülle der menschlichen Natur im Sinne der göttlichen Führung ausmachen soll.

Alles verwandelnde Weiterführen des Menschentums in Richtung auf die Zukunft baut auf einem geistigen Fundament auf, dem Mysterium von Golgatha, also auf dem mit der Menschheit fortlebenden, sich mit ihr einenden Christus. In einem solchen, auf Christus hin orientierten Sinn hat sogar der verstorbene, bedeutende katholische Theologe Karl Rahner das Wort von der Selbsterlösung einmal aufzuwerfen versucht, indem er sagte: «Die Erlösung von Jesus Christus her hebt die Selbsterlösung des Menschen nicht auf, sondern konstituiert sie.»[6] Der Mensch ist dazu aufgerufen, seinen eigenen Anteil an der Weitergestaltung des Menschentums aufzugreifen. Darin besteht seine Verantwortung gegenüber dem Christusereignis, das ihm dies ermöglicht.

Allerdings stellt die Anthroposophie die Mitwirkung des Menschen an seiner Vollendung in einen weiteren Rahmen als er aus den bisher maßgeblichen historischen Ausgestaltungen des Christentums überliefert ist. Zum einen wird die Frage: «Wie verbinde ich mich mit Christus?» vielschichtiger, universeller und freier, gleichwohl präzise und konturiert beantwortet; zum anderen durch den Hinblick auf die wiederholten Erdenleben des Menschen, die nicht unbegrenzt, wohl aber für die gegenwärtige Weltperiode gültig sind. So wie nun die Gesetze, die zwischen den wiederholten Erdenleben walten, im Ansatz auch innerhalb eines Erdenlebens bemerkbar sind – positiv Errungenes und negativ Versäumtes bleiben nicht isoliert, sondern wirken sich im Laufe der Zeit aus und werden zum Schicksal – so wird die Christusbeziehung doch nicht dadurch geschmälert, daß sie nicht nur in einem Leben und für das eine Leben angestrebt wird, sondern in wiederholten Erdenleben sich entfalten kann.

In den aktuellen Tatsünden, den individuellen Unvollkommenheiten, liegt das, was der Mensch selber im Laufe der wiederholten Erdenleben und des Schicksals auszugleichen hat. Durch sie hat der einzelne Mensch seinen eigenen Wert im Kosmos gemindert. Im tieferen Sinne sehnt der Mensch sich danach, daß ihm dies in der Läuterungszeit nach dem Tode vor Augen geführt und mit der Hilfe der geistigen Welt in Anlagen zum Schicksalsausgleich in einem neuen Erdenleben umgewandelt wird.[7]

Kann man so zunächst in der Idee der Reinkarnation eine Rahmenwahrheit sehen, die den Zugang zur Lösung mancher Lebensrätsel neu erschließt, so wird vielleicht auch der Augenblick nicht ausbleiben, in dem einem aufgeht, wieviel adäquater, angemessener, verwandter dem Christentum diese Wahrheit ist als die Auffassung, die bisher als christliche Lehre zu diesem Thema galt.[8] Das durch Christus neu ermöglichte Menschwerden, d. h. auch Selbstwerden, ebenso wie eine neugefaßte Nachfolge Christi in der Arbeit an der Verwandlung der Erde, der eigene Verantwortungsanteil, leuchten in der aus erweiterter Erkenntnis gewonnenen Einsicht in hellem Licht auf.

Es kann weiter darauf hingewiesen werden, daß die Anthroposophie bei der Frage nach der «Sünde» sorgfältig und differenziert vorgeht. Es sind zu unterscheiden: Sündenfall, Erbsünde, aktuelle Tatsünde, auszugleichende individuelle Sündenfolgen und objektive Sündenfolgen. Von den letzteren sagt Steiner eindeutig, daß der Mensch die Schäden, die er im Verborgenen des gottdurchdrungenen Universums anrichtet, überhaupt nicht mehr zurückholen oder ungeschehen machen kann. Da ist er ganz und gar angewiesen auf Christus, der das, was der Mensch nicht wieder gutmachen kann, auf sich genommen hat und als die finstere Last trägt, die nur er auflichten kann.

40

So beruht der Vorwurf der Selbsterlösung sowie der Unkenntnis von Sünde und Gnade darauf, daß mancher Leser eigene Meinungen in das Verständnis anthroposophischer Texte hineinmischt, weil sie sich ihm mit dort gebrauchten Worten assoziieren, während Anthroposophie ihrem sachlichen Gehalt nach von etwas ganz anderem spricht.

Anmerkungen

1 Peter Hofrichter: Im Anfang war der Johannesprolog – Das urchristliche Logosbekenntnis – die Basis neutestamentlicher und gnostischer Theologie, Regensburg 1986.
2 Vgl. Rudolf Steiner: Das Christentum als mystische Tatsache, GA 8, Dornach [8]1976, Kapitel: Vom Wesen des Christentums; Vortrag vom 28.12.1913 in: Christus und die geistige Welt, GA 149, Dornach [5]1977; Vortrag vom 25.12.1918 in: Wie kann die Menschheit den Christus wiederfinden?, GA 187, Dornach [3]1979; Reinhard Wagner: Die Gnosis von Alexandria, Stuttgart 1968; Rudolf Frieling / Erwin Schühle: Christentum und Gnosis, Stuttgart 1962.
3 Vgl. Rudolf Steiner: Mein Lebensgang, GA 28, Dornach [8]1982, Kapitel 24 und 30.
4 Rudolf Steiner: Die Geheimwissenschaft im Umriß, GA 13, Dornach [28]1968, S. 245 ff.
5 Rudolf Steiner: Das Wesen der Erbsünde, Vortrag vom 8.12.1908 in: Geisteswissenschaftliche Menschenkunde, GA 107, Dornach [4]1979; Erbsünde und Gnade, Vortrag vom 3.5.1911 in: Die Mission der neuen Geistesoffenbarung, GA 127, Dornach 1975.
6 Karl Rahner: Bilanz des Glaubens, München 1985.
7 Rudolf Steiner: Die Geheimwissenschaft im Umriß, a. a. O., Kapitel «Schlaf und Tod».
8 Rudolf Steiner: Vortrag vom 25.1.1912 in: Menschengeschichte im Lichte der Geistesforschung, GA 61, Dornach [2]1983; Vortrag vom 13.7.1914 in: Christus und die menschliche Seele, GA 155, Dornach [2]1982; Rudolf Frieling: Christentum und Wiederverkörperung, Stuttgart 1974.

HELLMUT HAUG

Die Legende von der Selbsterlösung

Das Urteil über die Anthroposophie scheint in der evangelischen Theologie und Kirche festzustehen.[1] Man stellt sich unterschiedlich zu den praktischen Reforminitiativen aus anthroposophischem Geist; aber quer durch alle kirchlichen Lager herrscht eine seltene Einmütigkeit darüber, daß das anthroposophische Menschen- und Weltbild auf eine Religion der menschlichen Selbsterlösung hinauslaufe.

In der Tat kann man Belege in Hülle und Fülle zusammentragen, aus denen hervorgeht, daß nach Rudolf Steiner der Mensch nicht ohne eigenes Zutun – aber da stockt schon die Feder! Ja, was denn? Daß der Mensch selbst das Seine, ja vielleicht sogar das Entscheidende beizutragen hat zu – und sie stockt schon wieder! Ja, wozu denn? Will man den Vorwurf der «Selbsterlösung» konkretisieren, so stößt man sofort auf den Tatbestand, daß von Erlösung hier und dort – in Anthroposophie und kirchlicher Theologie – in einem völlig verschiedenen Gesamtzusammenhang gesprochen wird. Und es stellt sich die Frage, ob man die Aussagen der Anthroposophie auch nur versteht, wenn man sie aus ihrem eigenen Kontext reißt und die Meßlatte theologischer Unterscheidungslehren anlegt, die einem ganz anderen Zusammenhang entnommen sind.

Bevor man hier ein Urteil fällt, ist – wie ich im folgenden zeigen möchte – ein Übersetzungsprozeß notwendig, damit die angewandten Beurteilungskategorien nicht ins Leere greifen. Es müßte zu denken geben, daß Anthroposophen die kirchliche Kritik von jeher als ungerecht und als Produkt von Mißverständnissen bewertet haben. Sollte da nur Verstocktheit und Voreingenommenheit dahinterstecken?

Um den anvisierten Übersetzungsprozeß einzuleiten, fragen wir also zunächst, in welchem Gesamtzusammenhang «Erlösung» hier und dort eigentlich steht. Nach gemeinchristlicher Anschauung wurde der Mensch erlösungsbedürftig durch «Adams Fall», der ihn unentrinnbar in Schuld verstrickt und als Folge davon dem Todesschicksal ausgeliefert hat. Erlösung hat dementsprechend hier eine doppelte Bedeutung: Im engeren und zentralen Sinne meint sie das Erlösungswerk Christi, der den Bann der Erbsünde bricht und die Aktualsünden jedes einzelnen auf sich nimmt. Im weiteren Sinne wird der Begriff bezogen auf die endzeitliche Befreiung vom Todesschicksal, die Auferweckung und die Gewährung ewigen Lebens im vollendeten Gottesreich. In beiden Hinsichten ist der Mensch nach paulinischer und protestantischer Auffassung dem Erlösungsgeschehen gegenüber rein passiv.

Ein Spezifikum dieses gemeinchristlichen Erlösungsmodells (Modell I) kommt zum Vorschein, wenn man zur anthroposophischen Sicht übergeht (Modell II). Erlösung in dem angeführten doppelten Sinne ist Wiederherstellung eines Zustandes, der «im Anfang» war. Erlösung ist die Restitution der ursprünglichen, unverdorbenen Schöpfung; Ziel ist die Wiederkehr des Anfangs. Daran ändert sich grundsätzlich auch nichts, wenn gesagt wird, daß dem Menschen in der Endvollendung Vollkommenheiten zuteil werden, die Adam erst zugedacht waren und deren Gewährung er sich durch seinen Ungehorsam verscherzt hat. Nach dem anthroposophischen Modell dagegen führt das Ziel weit und in einem ganz prinzipiellen Sinne über den Anfang hinaus. Zwar gibt es auch hier den «Fall», der das Todesgeschick nach sich zieht; aber die ursprüngliche Vollkommenheit des «Adam kadmon» ist zugleich eine Unvollkommenheit, die überwunden werden muß.

Der Mensch des Paradieses ist noch gar nicht auf der Erde angekommen; er wird erst irdisch durch seinen Fall. Dieser Fall, von Gott nicht nur zugelassen, sondern vorgesehen, ist keine zurechenbare Schuld; erst durch ihn wird der Mensch vielmehr schuldfähig und selbstverantwortlich. Erst durch ihn wird er frei, zwischen Gut und Böse zu wählen. Im gleichen Augenblick findet er sich sterblich:

Freiheit und Tod sind untrennbar verbunden. In der Ursprungs-
sphäre des göttlichen Lebens, das keinen Tod kennt, gibt es auch
keine Freiheit. Engel, die am ungebrochenen Leben der Gottheit
teilhaben, haben keine Wahl, den Willen Gottes zu tun: er ist ihr
Leben. Nur auf der Erde, d. h. in der Gottferne, gibt es die Freiheit,
sich Gott zu- oder von ihm abzuwenden.

Hier allererst gibt es darum auch Liebe, die aus einem Freiheitsur-
sprung kommt. Weil Gott an solcher Liebe gelegen ist, muß der
Mensch den Erdenweg antreten. Gott sucht im Menschen das
Geschöpf, das dem Ruf des Schöpfers in freier Zuwendung antwor-
tet. Ein solches Geschöpf kann Gott nicht «fertig» erschaffen; er muß
es auf einen Weg bringen, an dessen Ende stehen kann, was an seinem
Anfang angelegt wurde. Das Ziel ist hier also nicht die Wiederherstellung der Schöpfung, sondern ihre Vollendung, zu der Gott den
eigenen Beitrag des freien Menschen braucht, so gewiß der freie
Mensch sein Schöpfungsziel ist.

Karma und Vergebung

Es ist offenkundig, daß Modell II einige peinliche Fragen beantwortet, auf die Modell I die Antwort schuldig bleiben muß. Wo aber
kommt hier «Erlösung» vor? Braucht es sie überhaupt, wo der selbständige, zur Selbständigkeit bestimmte Mensch eine so tragende
Rolle spielt? Es braucht und gibt sie – und zwar als Erlösung durch
Christus in einer doppelten Form, die der gemeinchristlichen Unterscheidung von Erbsünde und Tatsünde entspricht. Auf der einen
Seite handelt es sich um die Erlösung von den Folgen des «Falls»:
vom Todesgeschick. Ohne die Erlösungstat von Golgatha würde der
Tod über den Menschen eine Macht erhalten, die sogar die Freiheit,
deren unvermeidlicher Begleiter er ist, zunichte machen müßte. (Es
geht dabei noch nicht um Auferstehung, sondern um die Macht des
Todes mitten im Leben, auf eine Weise, die hier nicht entfaltet
werden kann und muß.)

Auf der anderen Seite handelt es sich um Erlösung von der Schuld,
die der einzelne aufgrund seiner Freiheit auf sich lädt «in Gedanken,
Worten und Werken». Es ist eine Verkürzung des anthroposophi-

schen Verständnisses von Erlösung, wenn man sagt, Schuld würde nicht vergeben[2], sondern müsse wiedergutgemacht werden nach dem Gesetz des Karma, das besagt, daß jeder in einem späteren Leben die Folgen der guten und bösen Taten des gegenwärtigen Lebens zu spüren bekommt. Das ist zwar richtig, und man kann bei Rudolf Steiner expressis verbis lesen, Vergebung sei abzulehnen, weil sie den Menschen träge mache und sein Streben lähme. Aber an diesem Punkt gilt in besonderem Maße, was oben über den Übersetzungsprozeß gesagt wurde, ohne den man Anthroposophie nur mißverstehen kann. Karmischer Ausgleich schließt, wenn man die Aussagen Steiners zusammensieht, Vergebung der Schuld nicht aus, sondern setzt sie voraus.

Steiner macht hier eine Unterscheidung, die auch christliche Verkündigung und Seelsorge nur zu ihrem Schaden vernachlässigen wird: Vergebung der Schuld befreit nicht davon, für die irdischen Folgen einer Tat einzustehen. Nur daß Anthroposophie von Tatfolgen spricht, die erst in einem späteren Leben wirksam werden. Es gibt also einen Anteil der Schuld, den auch im gemeinchristlichen Verständnis der Sünder selbst zu tragen hat und den ihm keine Vergebung abnimmt. Andererseits gibt es auch für die Anthroposophie Tatfolgen, die der Mensch auf keine Weise selbst wiedergutmachen kann. Jede schuldhafte Tat, ja sogar ein Gedanke, hat Folgen im Weltzusammenhang, die der Täter nicht zurückrufen und die er nie und nimmer gutmachen kann. Sie sind es, die Christus auf sich nimmt, indem er sich durch sein Sterben und Auferstehen mit dem Schicksal der Erde verbindet und alles austrägt, was an Menschenschuld der Erde eingeschrieben ist:

«Ich bin bei deiner Tat; du wirst ja durch dein Karma später das für dich zu tun haben, was die Tat für *dich* bedeutet. Aber was die Tat für die *Welt* bedeutet ..., das ist meine Sache! sagt der Christus ... Dadurch, daß der Christus auf Golgatha gestorben ist, wird der Mensch nicht sehen seine Schuldentafeln, sondern er wird den sehen, der sie übernommen hat ... Unsägliches Leid müßte man mittragen, wenn nicht ein Wesen mit der Erde sich verbunden hätte, welches das, was von uns nicht mehr abgeändert werden kann, für die Erde ungeschehen machte. Dieses Wesen ist der Christus. Nicht subjektives Karma, aber die geistigen objektiven Wirkungen der Taten, der Schuld, die nimmt er uns ab.»[3]

Ist das Vergebung der Schuld im biblischen Sinne? Wenn vom Weltzusammenhang die Rede ist, vermißt der Theologe den Bezug auf einen personalen Gott und den Charakter der Sünde als Auflehnung gegen diesen Gott. Steiner meint aber mit den «objektiven», die «Welt» betreffenden Tatfolgen mehr und anderes als Umweltzerstörung; und selbst diese wäre für ihn ein Frevel an dem Gott, der als tragender Grund seine ganze Schöpfung durchwaltet. Man kann hier eben nicht trennen; es gibt nichts in der Welt, das Gott *nicht* anginge. Steiners Gottesbild hat durchaus auch personale Züge; Gott wird in meditativen Gebeten angeredet als «Vatergrund alles Seins»[4]; aber so gut wie der Theologe Paul Tillich weiß Steiner um die Grenzen unserer vom Menschen hergenommenen personalen Begriffe, wenn es um das Geheimnis des allumfassenden Wesens geht.

Ohne daß das Wort fällt, das für Steiner durch seinen inflationären Gebrauch diskreditiert ist, spricht die angeführte Beschreibung der Erlösungstat am Einzelmenschen von Vergebung. Christus nimmt auf sich, was sich objektiv, als störende, zerstörende Menschentat, zwischen Gott und Mensch stellt: was ist das anderes als konkret vollzogene Vergebung? Und wenn dem Menschen die Möglichkeit gegeben wird, den von ihm selbst zu tragenden Anteil seiner Schuld wiedergutzumachen – ist das nicht ebenso konkreter Zuspruch der Vergebung, sofern es besagt: «Ich will nicht den Tod des Sünders, sondern daß er sich bekehre und lebe» (Hesekiel 18, 23)?

Glaube als Akt des Menschen

Nun ist ganz klar, was dem Theologen hier Schwierigkeiten bereitet. Schuld wird vergeben; aber der Mensch tut auch selber etwas zur Tilgung seiner Schuld. Erlösung ist nach anthroposophischem Verständnis kein Vorgang, bei dem der Mensch rein passiv bleiben könnte. Das gilt nicht nur im Blick auf die Schuldfrage, sondern sogar für die endzeitliche Vollendung der Erlösung in der Auferstehung, die für Steiner das Ziel einer Entwicklung ist, an der Gott und Mensch jeweils ihren unverzichtbaren Anteil haben.

Nirgends wird freilich gesagt, daß der Mensch zu seiner Erlösung etwas tun müsse allein «aus eigener Kraft», ohne göttliche Hilfe.[5] Es

46

geht vielmehr auf der ganzen Linie um ein *Zusammenwirken von Gott und Mensch* im Werk der Erlösung – das zugleich das fortgesetzte Werk der im Werden begriffenen Schöpfung ist. Am Verständnis dieses Zusammenwirkens und nicht an dem undifferenzierten Begriff der «Selbsterlösung» entscheidet sich das theologische Urteil über die Anthroposophie.

Der Übersetzungsversuch, der hier unternommen wird, führt an diesem Punkt unvermeidlich zu Rückfragen an das reformatorisch verstandene Modell I. Ist die reine Passivität des Menschen gegenüber dem Erlösungsgeschehen überhaupt durchzuhalten? Das Problem hat schon die altprotestantische Orthodoxie beschäftigt und ist im Grunde nie gelöst worden (wenn man nicht Definitionen als Lösungen ansieht). Natürlich kann einer nur «rein passiv» vom Tod erweckt werden; aber ist ohne jede menschliche Mitwirkung, ohne eine vom Menschen selbst vollzogene Wandlung, ein Reich Gottes als Reich der allumfassenden Liebe auch nur denkbar? «In den Himmel kommen» ist keine Kunst; aber im Himmel leben, dazu gehört schon etwas mehr. Kein Geringerer als Karl Barth hat daran erinnert, als er auf die Frage, ob wir «unsere Lieben» wiedersähen, erwiderte: «Gewiß, aber nicht nur unsere Lieben!»

Aber wir brauchen unsere Phantasie nicht so weit zu spannen. Der zentrale reformatorische Satz von der «Rechtfertigung allein aus Glauben» gibt Anlaß genug zur Frage nach dem Anteil des Menschen an seiner Erlösung. Wie kann der Glaube davor geschützt werden, daß er unter der Hand zu einem «Werk» wird – und dabei doch eine Tat, ein Akt des Menschen bleiben? Die Orthodoxie hat den Begriff eines *actus passivus* gebildet, der entweder eine contradictio in adjecto darstellt, unter der man sich nichts Reales vorstellen kann (denn jeder Akt ist *per se* aktiv), oder lediglich die Selbstverständlichkeit zum Ausdruck bringt, daß es beim Glauben um einen Akt des Empfangens geht. Wenn schon dies ein «Werk» ist, ist der Werkgerechtigkeit auf keine Weise zu entgehen – es sei denn um den Preis, daß der Glaube auch nicht mehr ein Akt des Menschen sein darf. Nur, was ist er dann? Die Auskunft Luthers, daß der Glaube ein Werk des Heiligen Geistes sei, hilft nicht weiter, weil sie auf dieselbe Aporie führt, sobald man die Frage stellt, wer denn nun das Subjekt ist, das da glaubt, der Mensch oder der Heilige Geist.

Man hat in der neueren protestantischen Theologie gemeint, dem

Dilemma mit Akt und Subjekt durch die Kategorie der Personalität entgehen zu können: Der Mensch ist vor Gott nicht eine aus sich selbst zu verstehende Wesenheit, sondern «Person». Er ist nur insofern ein ICH, als er sich empfängt von dem göttlichen DU. Aber man verdrängt dabei, daß er sich eben empfängt als ICH. Ichsein bedeutet nicht Autonomie im Sinne von «sein eigener Ursprung sein», aber es bedeutet unabdingbar, der Ursprung seiner Akte zu sein, gerade der grundlegenden wie Vertrauen, Liebe, Glaube. Wer im Bann deterministischer Theorien dem Menschen die Möglichkeit solcher Akte, die Möglichkeit der Freiheit abspricht, der bringt Gott um den Sinn seines Schöpfungswerkes. Da hilft auch nicht die theologische Verbrämung des Determinismus als göttliche Alleinwirksamkeit («Gott alles in allen»). Welchen Wert hätte für Gott ein Glaube, den er selbst glaubt, eine Liebe, die er selbst liebt? Hätte er sich dann nicht die ganze aufwendige Veranstaltung der Welt- und Menschenschöpfung sparen können?

Das Freiheitsthema ist der Grund, warum das anthroposophische Modell des Erlösungsrahmens dem protestantisch-gemeinchristlichen überlegen ist. Ich meine gezeigt zu haben, daß es kein Modell der «Selbsterlösung» ist – es sei denn, daß man ein Zusammenwirken von Gott und Mensch im Erlösungswerk pauschal als solche abqualifiziert. Die Begegnung mit der Anthroposophie könnte für die kirchliche Theologie ein Anlaß sein, ihr eigenes Anliegen besser zu verstehen und historisch bedingte Kampfparolen und Schlag-Wörter durch eine differenziertere Betrachtung zu ersetzen, die dem heute (unwiderruflich) erreichten Bewußtseinsstand angemessen ist. Der «Synergismus» (von synergein = zusammenwirken) im anthroposophischen Verständnis der Erlösung hat nichts zu tun mit mittelalterlichen Gnadenlehren, die den Anteil Gottes und des Menschen am Werk der Erlösung quantitativ gegeneinander aufrechnen. Er zielt auf das Paradox, daß im rechtfertigenden Glauben *alles* Werk der göttlichen Allmacht ist und *alles* menschliche Tat. Werk einer göttlichen Allmacht, ohne die das Menschen-Ich noch nicht den geringsten Bruchteil einer Sekunde bestehen könnte, die jedoch in der Erschaffung des Menschen sich selbst begrenzt und ihrer Allmacht begibt, sich entäußert ins Menschen-Ich, um in dessen freier Zuwendung den «Mehrwert» zu finden, den keine Allmacht sich selber verschaffen – und um dessentwillen Gott eine Schöpfung, die den Menschen einschließt, nie und nimmer allein vollenden kann.

Menschliche Tat aber, wie sie hier gefordert wird, kann niemals eine Tat selbstsüchtigen Eigenwillens sein. Weil sie nichts anderes ist als der aus Freiheit geborene Vollzug des göttlichen Willens, müßte sie sich selber aufheben, sobald der Täter sie sich als «Eigenleistung» zuschreiben wollte. Jeder Ansatz zu einer Selbsterlösung ist in diesem echten actus passivus mit der Wurzel ausgerottet.[6]

Anmerkungen

1 Der Beitrag wurde zuerst veröffentlicht im Deutschen Pfarrerblatt, 86. Jahrgang, S. 424–427 (September 1986).
2 So zu lesen in der sonst sehr sachkundigen Darstellung von Kurt Hutten: Seher, Grübler, Enthusiasten. Das Buch der traditionellen Sekten und religiösen Sonderbewegungen. Vollständig revidierte und wesentlich erweiterte Neuausgabe, Stuttgart 1982, S. 718: «Eine Vergebung seiner Sünden gibt es (für den Menschen) nicht.»
3 So in dem zu wenig beachteten Vortrag vom 15. Juli 1914 in: Christus und die menschliche Seele, GA 155, Dornach [2]1982.
4 So z. B. in den «Tagessprüchen» (Anweisungen für eine esoterische Schulung, Gesamtausgabe Bd. 245, S. 65 ff) und vielfach, mit wechselnden Formulierungen, in der von Steiner gegebenen Liturgie der Christengemeinschaft (Menschenweihehandlung); vgl.: Hans Werner Schroeder: Vom Erleben der Menschenweihehandlung, Stuttgart [2]1986; ders.: Das christliche Bekenntnis – Ein Übungsweg, Stuttgart 1982.
5 Das wird neuerdings wieder von Jan Badewien unterstellt, dessen vielbeachtete Kritik unter Verkürzungen und Mißverständnissen leidet (Anthroposophie. Eine kritische Darstellung, Konstanz 1985, S. 67). Bezeichnend, was hier aus einem Steiner-Zitat (aus «Wie erlangt man Erkenntnisse der höheren Welten») herausgelesen wird (S. 68):
   «Hier ist heil-lose Gesetzlichkeit verkündet: Man ‹muß› lernen, ‹muß› zu einem Gedanken fähig sein ..., ‹ringt sich durch›, ‹strebt› ... Forderungen – Appelle an Anstrengungen, der krasse Gegenpol zu einem Leben aus der Rechtfertigung allein aus Gnaden ... (So) knechtet Steiner sich und seine Anhänger in tiefste Unfreiheit, in die anstrengenden Bindungen eines neuen Gesetzes, vor dem es kein Entrinnen gibt.»
   Nun ist es ja jedem freigestellt, ob er sich auf diesen «knechtenden» Weg begeben will; es hängt kein Seelenheil daran. Völlig übersehen aber werden (im selben Zitat genannt und im folgenden durch Schrägschrift hervorgehoben) die Quellen, aus denen alles Streben und Mühen fließt:

«Der Geheimschüler muß lernen, über einen Mißerfolg nicht zu verzagen. Er muß zu dem Gedanken fähig sein: ich will vergessen, daß mir diese Sache schon wieder mißglückt ist, und aufs neue versuchen, wie wenn nichts gewesen wäre. So ringt er sich durch zu der Überzeugung, *daß die Kraftquellen in der Welt, aus denen er schöpfen kann, unversieglich sind.* Er strebt immer wieder nach dem *Geistigen, das ihn heben und tragen wird,* wie oft auch sein Irdisches sich als kraftlos und schwach erwiesen haben mag.»

6 Ausführlicher werden die theologischen Fragen vom Verfasser abgehandelt in: Anthroposophie – eine Form freien Christentums, Heft Nr. 4 der Schriftenreihe «Forum Freies Christentum» (2. überarbeitete Auflage 1986), ausschließlich zu beziehen durch: Tempelgesellschaft, Felix-Dahn-Straße 39, 7000 Stuttgart 70.

STEFAN LEBER

Die Waldorfschule –
eine Weltanschauungsschule?

Zum Begriff der Weltanschauung

Immer wieder wird die Behauptung vorgebracht, die Waldorfschule sei eine Weltanschauungsschule, und wenn darauf entgegnet wird, Anthroposophie sei kein Lehrinhalt an dieser Schule, dann ist zu hören: umso schlimmer, sie stecke also in der Methode und wirke – unter Umgehung des Bewußtseins – noch viel tiefer und prägender. Was ist von diesen Einwendungen zu halten?

Um hier urteilsfähig zu werden, muß auf Wissenschaftstheorie oder kritische Erkenntniswissenschaft zurückgegriffen werden. Wir nehmen hier ein einfaches Beispiel: eine Gruppe von Menschen betrachtet die Madonnen-Darstellung des Isenheimer Altars. Längere Zeit nach dem Weggehen kommen die Betrachter miteinander ins Gespräch: Der eine spricht vom Gesichtsausdruck der Madonna, der Haltung des Kindes, der andere von den zerschlissenen Windeln am Badezuber, der nächste von der daneben befindlichen himmlischen Maria, wiederum ein anderer von den merkwürdigen Engelsgestalten im Hintergrund, ein weiterer schließlich von den dort abgebildeten Pflanzen. Jeder nimmt wahr, was ihn interessiert, betrachtet vor allem das, was er begreift. Wozu einem die Begriffe fehlen, das «übersieht» man, nimmt man nicht wahr, ja, man kann es nicht einmal erinnern, weil man davon keine Vorstellung hat. Wird man hingegen auf einzelnes genauer aufmerksam und stellt dazu Fragen, so bewahrt sich der Eindruck dem Gedächtnis, und damit geht er auch leichter in die Erfahrung über.

Nun kann man sowohl von außen, durch einen anderen, auf das Gesehene, Wahrgenommene aufmerksam gemacht werden – indem dieser einem die notwendigen Begriffe vermittelt – und dadurch zur Vorstellung gebracht werden, als auch durch sich selbst, indem man sich mit dem Gegebenen oder der Sache beschäftigt, sich ihr zuwendet, in sie begrifflich – erkennend – eindringt. Allerdings: ohne die Hinwendung der Sinne auf die Erscheinung nützt weder Aufmerksamkeit noch Begriff etwas, denn dann hat man allenfalls Vorurteile. Aus Wahrnehmung und Begriff ergibt sich erst der Inhalt des – dann auch zu erinnernden – Bewußtseins, der Inhalt jeder Erkenntnis. Dabei vollzieht sich der Erkenntnisvorgang in einem Wechsel von Wahrnehmung und Denken, erneutem Wahrnehmen und neuerlichem denkenden Besinnen. Und in dem Maße, wie Erkenntnisse erworben werden, wächst schließlich auch der Erfahrungsumfang des Menschen, wobei nicht die Einzelheiten des Erkannten, sondern die Summe des Erfahrenen und die daraus gewonnenen Fähigkeiten für die Persönlichkeit von Belang sind. Der Säugling etwa hat noch keinen Begriff vom *Licht*. Nach und nach aber begreift er das, worauf das Licht fällt. So erfährt er das Licht in seinen Wesenszügen an den Erscheinungen, an Menschen und Gegenständen, kurz: im Begreifen der Welt, erst daran entsteht der Lichtbegriff als spätere Einsicht. Will ich also etwas von der Welt verstehen, so brauche ich Begriffe, sonst kann ich die Welt nicht verständig, d. h. menschlich erfahren.

Die Art, ja die Summe aller schon gemachten Erfahrungen lenkt ihrerseits den Blick, d. h. die Wahrnehmung, in verschiedener und individueller Weise: so sieht der Eskimo mehr Nuancen des Schnees als ein Mitteleuropäer, und weil der Schnee für ihn eine größere existentielle Bedeutung hat, stehen ihm auch mehr Wörter zur Differenzierung der Erscheinungen im begrifflichen Erfassen zur Verfügung als jenem. Dem einen ist diese Erscheinung, dem anderen eine andere bedeutsam. Der einzelne greift diesen Zusammenhang auf, vertieft sich darin und ordnet ihn in einen ihm oder der ihn umgebenden Kultur eigenen Sinnbezug ein, kurz: er baut sich aus seinen Erfahrungen, aus seinem Interesse, aus seiner Aufmerksamkeit nach und nach eine *Anschauung der Welt* auf. Ein anderer tut dies in anderer Weise. Die Art des sich so ergebenden, durch geistige Tätigkeit geschaffenen Sinngefüges ist es, die stets den Blick und ebenso die Art der Verstehensweise lenkt. Und genau diesen Zusammenhang meinte der ursprüngliche Begriff der *Weltanschauung*, der von Kant 1790 und kurz darauf von Goethe verwendet wurde und bald in den allgemeinen Sprachgebrauch überging[1]: der von Erfahrung und Begriffsgehalt geleitete fragende Blick in der Wahrnehmung, also jenes feine Zusammenspiel, wo nicht von festgefügten Meinungen, von einem Scheinwissen oder von abstrakten Modellvorstellungen auf die Welt der Wahrnehmung und Tatsachen hingeschaut wird, sondern wo die Anschauung unentwegt den Betrachter neu belehrt.

Darin schwingt auch die Methode, die *Art* mit, wie auf die Erscheinungen hingeschaut wird, und ebenso die Tatsache, daß diese Erscheinungen nicht bezugslos, additiv nebeneinanderstehen, sondern in ein Sinnganzes eingeordnet sind. Dieses Ganze ist erkennbar, zumindest anfänglich erschließbar. Es mag nicht verwundern, daß Kant, der Kritiker der Vernunft, diesem Ganzen in der Anschauung skeptisch gegenüberstand. Sein jüngerer Zeitgenosse Goethe aber beschrieb diesen Vorgang methodisch sauber vor allem in seinen naturwissenschaftlichen Schriften. Da heißt es, daß sich «zu allen Zeiten ein Trieb hervorgetan (hat), die lebendigen Bildungen als solche zu erkennen, ihre äußeren, sichtbaren ... Teile in einem Zusammenhang zu erfassen und so das Ganze in der Anschauung zu beherrschen».[2] Nicht um Teilstücke, sondern um das Ganze geht es also in der Weltanschauung. Dabei bemerkt Goethe, der «viel aufs Schauen hält», daß «das bloße Anblicken einer Sache uns nicht fördern» kann, weil es ein «Unterschied sei zwischen Sehen und Sehen, daß die Geistesaugen mit den Augen des Leibes im lebendigen Bunde zu wirken haben, weil man sonst in Gefahr gerät, zu sehen und doch vorbeizusehen».[3] Bei jedem aufmerksamen Blick in die Welt «theoretisieren» wir, denn nur der sinnende Blick, von der Erfahrung und dem Denken belehrt, sieht sinnvoll. Diese Methode bildet Goethe reif aus; sie wird ihm so zur Lebenshaltung, daß er z. B. auf seiner italienischen Reise notiert: «Heute abend ging ich auf den Markusturm. Da ich neulich die Lagunen in ihrer Herrlichkeit, zu der Zeit der Flut, von oben gesehen hatte, wollte ich sie auch zur Zeit der Ebbe in ihrer Demut sehen.» Goethe «sieht» – wir nennen es begrifflich – den verschiedenen Wasserstand der Lagune, aber zum Begriff kommt eben der schauende, durch innere Verarbeitungsprozesse und durch Vergleich der Erscheinungen bereicherte Blick. So tritt durch das Auge ein Wesensgehalt zur nur formal erfaßten äußeren Erscheinung hinzu, der weitere gefühlshafte, fast religiöse Kräfte der Seele in ihm aufruft: Flut in ihrer Herrlichkeit und Ebbe in ihrer Demut. Diese nüchterne Welterscheinung ruft in Goethe bei der Betrachtung – Anschauung – den ganzen Menschen auf. Daraus folgert er: «Und es ist notwendig, diese beiden Bilder zu verbinden, wenn man den richtigen Begriff haben will» (2. 10. 1786). Das also ist Weltanschauung – nach sinnvoller, überlegter Methode die unterschiedlichen Erscheinungen der Welt sachgemäß und sinngetragen zu betrachten, indem im Hinblick auf die Einzelerscheinung sowohl eine innere Beziehung zum Menschen als auch eine Beziehung zum Ganzen des bisher Erfahrenen und Gewußten hergestellt wird.

In diesem Sinne breitet sich der Begriff der Weltanschauung allmählich aus. Nach 1850 wird er Gemeingut und beschreibt idealistische, materialistische, spekulative, metaphysische und andere Methoden der Weltbetrachtung – gänzlich wertneutral, jeder Philosoph gebraucht ihn ebenso wie Theologen, Naturwissenschaftler u. a.

Wer also meint, er könne die Welt einfach «so» anschauen, also ohne Weltanschauung auf sie hinblicken, und sie dann auch noch verstehen, der lebt entweder unaufgeklärt über die vollzogene Tätigkeit oder er macht sich Illusionen. Deshalb kann es gar keine verständige Betrachtung irgendeines Phänomens geben – soll sie für den Menschen ersprießlich sein und zu seiner Reifung beitragen – ohne eine Weltanschauung. Dabei gehört zu einer wirklichen Weltanschauung, daß das denkende Bewußtsein sich im Verstehen seiner selbst und im Nachdenken über sein Verhältnis zur Welt Rechenschaft gibt und, daraus resultierend, eine Aussage über den Sinnzusammenhang der Welt zu treffen vermag. Rudolf Steiner, der geistige Begründer der Waldorfpädagogik, schloß sich der Betrachtungsart Goethes an.[4] In der Vorgehensweise der anthroposophischen Pädagogik findet sich derselbe methodische Ansatz, wenn dazu auch aus dem pädagogischen Bezug selbstverständlich bedeutende Ausweitungen notwendig sind, wie sie Goethe selbst noch nicht ausgearbeitet hat, die aber dem Duktus an sich durchaus entsprechen.

Allerdings tritt dann gleichfalls in der Mitte des letzten Jahrhunderts im Hinblick auf den Begriff der Weltanschauung eine neue Erscheinung und Erkenntnis auf: nämlich die Entdeckung, daß die Anschauung der Welt erstarren und leblos werden kann: das lebendige Hin- und Herpendeln zwischen Wahrnehmung und Begriffsbildung erstirbt, wenn zu einer Erscheinung im Kurzschluß ein bereitliegender, vorgeformter Begriff nur noch hinzugefügt wird. Bereits Napoleon hat den von Destutt de Tracy geprägten und der Weltanschauung entsprechenden Begriff der Ideologie, der Lehre von Ideen, mit der Bemerkung abgetan: was verstehen Denker, Theoretiker schon von der Praxis des politischen Geschäfts, sie sind bloß «Ideologen». Diese Färbung des Begriffs greift Karl Marx auf und verwendet den Begriff Ideologie für Anschauungen, die seiner eigenen Sichtweise, dem «wissenschaftlichen Sozialismus», als «falsches Bewußtsein» widersprechen.[5] Tatsächlich gibt es in sich vernetzte Begriffsgewebe, die als festgefügte Strukturen der Wirklichkeit übergestülpt werden und sie zu deuten versuchen. Diese Begriffsraster sind klar, verfehlen aber die Wirklichkeit. Alle Schemata «erstarrter Weltanschauung», eben Ideologien, dienen nur noch dazu, sich selbst zu bestätigen, keineswegs aber mehr dazu, in Wahrheit und Wirklichkeit einzudringen. Die mißbräuchliche Anwendung des Begriffs der Weltanschauung für Ideologien zog den Begriff der Weltanschauung in Mitleidenschaft und machte ihn verdächtig. Weil lebendiges Wesen und Leichnam miteinander verwechselt wurden, kann und soll im sozialen Urteil mit dem Vorwurf «Weltanschauungsschule» eine Reihe negativer Eigenschaften assoziiert werden. Anthroposophie als Ideologie ist – wie zu zeigen sein wird – ein Widerspruch in sich, und darum vermittelt gerade die Waldorfschule keine vorgeprägten Begriffsraster und Deutungsschemata, vor allem indoktriniert sie nicht.

Man mag nun einwenden, was zweifelsfrei richtig ist, daß es doch recht verschiedene Wege gibt, die Welt zu betrachten. Dabei heben sich u. a. zwei Typen von gegenwärtig herrschenden Anschauungen besonders heraus: der eine wird wissenschaftlich genannt, der andere gilt demgemäß als nichtwissenschaftlich. Unter dem ersten wird ein objektiviertes Verfahren der Erkenntnisgewinnung verstanden, das durch Reduktion aller Erscheinungen auf das Meß- und Wiederholbare sich ergibt. Was diesem Verfahren sich nicht fügt, also Grade subjektiver Beurteilung zuläßt, gilt von der «wissenschaftlichen» Position her schon als geringwertiger, und das bedeutet dann zugleich eine Herabsetzung: eine Einstufung als unwissenschaftlich. So ist eine häufig zu hörende Aussage, diese oder jene Erkenntnis sei von *der* Wissenschaft festgestellt, diese oder jene Einsicht sei wissenschaftlich. Was sind dann die anderen Einsichten? Und wie oft kommt es vor, daß Wissenschaftler oder gar noch häufiger bloße Vermittler wissenschaftlicher Erkenntnisse sich den Purpurmantel wissenschaftlicher Autorität umhängen, indem sie konstatieren, was *die* Wissenschaft zu der oder jener Frage sagt, und damit zugleich abweichende

Auffassungen mit dem Bannstrahl der Unwissenschaftlichkeit belegen. Doch gerade solche Aussagen rufen schon durch die Art ihrer Formulierung zur kritischen Wachsamkeit auf, denn alle großen und gründlichen Forscher in welcher Wissenschaftsdisziplin auch immer wissen, daß Wissenschaft sich durch Methode, also durch ihr Verfahren, ihren Weg und erst in zweiter Linie durch Inhalte auszeichnet. Selbst bei «objektiven» Tatsachen technisch-wissenschaftlicher Art erhält man gegenwärtig in aller Öffentlichkeit aufgewiesen, daß die Eindeutigkeit und Einheitlichkeit der Aussagen gar nicht besteht, ja nicht einmal bestehen kann. So zeigt die heutige Wissenschaftstheorie, also jene Disziplin, bei der die Wissenschaft sich selbst zum Gegenstand wissenschaftlicher Untersuchung macht, alles andere als Übereinstimmung, weder bei der wissenschafts-soziologischen Betrachtung, wie bei Karl Mannheim[6], Th. S. Kuhn[7], K. Popper[8] oder J. Habermas[9], noch von Seiten der Naturwissenschaft, wie Spinner[10] oder P. Feyerabend[11] darstellen.

Das naturwissenschaftliche Paradigma

Ohne im einzelnen die gegenwärtigen wissenschaftstheoretischen Ansätze auszubreiten, vor denen jede Art von Weltanschauung diskutiert werden müßte, soll auf Thomas S. Kuhn verwiesen werden, der die Struktur wissenschaftlicher Revolutionen untersucht hat und dabei bemerkte, daß selbst völlig unbestrittene und von jedem Fachwissenschaftler anerkannte Einsichten einer Disziplin nach einiger Zeit von Fachleuten in Zweifel gezogen werden oder sich schließlich dadurch überholen, daß sie niemanden mehr interessieren, weil andere Fragestellungen, neue Sichtweisen die Gemüter beschäftigen. Das bisher in einer bestimmten Art Behandelte steht nicht mehr zur Diskussion, sondern ganz andere Fragestellungen beherrschen das wissenschaftliche Interesse. Dazwischen liegen durchaus intensive Auseinandersetzungen unter Wissenschaftlern um richtige Einsichten. Die neuen Fragestellungen und Verstehensweisen, um die gerungen wird und die einander ablösen, bezeichnet Kuhn als Paradigmen. Sie wechseln im Lauf der geschichtlichen Entwicklung wiederholt. So bildet sich das gegenwärtig herrschende – hier: *naturwissenschaftlich* genannte – Paradigma zur Zeit der Spätrenaissance aus, genauer an der Wende vom 16. zum 17. Jahrhundert, und löst das zuvor bestehende – wir nennen es das scholastische Paradigma – ab, das sich vornehmlich mit theologischen Fragestellungen und davon ausgehend mit Natur und Welterkenntnis befaßte.

Was zeichnet nun dieses naturwissenschaftliche Paradigma aus? Gleich zu Beginn der neuen Entwicklung treten Forscher wie Francis Bacon Lord of Verulam (1561–1626), Galilei (1564–1642), Kepler (1571–1630) und Descartes (1598–1650), etwas später Newton (1643–1727) auf. Sie formulieren das Anliegen so, daß nicht mehr gelten solle, deduktiv aus dem überlieferten Offenbarungswissen ein Verständnis der Moral, der Natur usw. zu gewinnen, sondern empirisch sich den Sachen (Realien) zuzuwenden, dabei möglichst die Sache selbst (res extensa) sprechen zu lassen und von den subjektiven Zutaten (res cogitans) insoweit abzusehen, als diese Begriffszutaten nicht den für jedermann verbindlichen, weil gleichen Maßstäben und Eigenschaften von Maß, Zahl und Gewicht, also den mathematischen Strukturen, entsprechen. Erst dadurch gelangt man zu «objektiven Verfahren» und damit zu entsprechenden Einsichten. Die Empirie (Erfahrung), das sinnlich Beobachtbare, im Experiment wiederholt Erfahrbare (Positivismus), tritt nun in den Interessenhorizont wissenschaftlicher Entwicklung und gestaltet sich zu dem staunenswerten Netz naturwissenschaftlicher Erkenntnis und technischer Anwendung, wie es heute ausgereift vorliegt. Für jedes herrschende Paradigma gilt, daß es sich selbst als Inbegriff des Vollkommenen, als Ziel aller Möglichkeiten, als Ende jeder Entwicklung, als der Weisheit letzter Schluß versteht. Abgesehen von wenigen Grenzgängern tritt keine Frage gegenüber der eingelebten herrschenden Methode auf; wer daran zweifelt, wird Außenseiter. Weil sie herrscht, braucht sie sich nicht mehr zu begründen, sie versteht sich aus sich selbst – gewissermaßen begründungslos. Nur wer abweicht, unterliegt einem Rechtfertigungsdruck, aber auch dem Verdacht der Ketzerei. So ging es den ersten Christen im Heidentum, den Juden im Christentum. Demgemäß braucht derjenige, der die entsprechenden Methoden und Ansichten des herrschenden Paradigmas übernimmt, keine Nötigung, um sich zu rechtfertigen, er hat immer schon «recht», ja er kann sich unter den Gegenwartsbedingungen sogar als ein weltanschauliches Neutrum, als «weltanschauungsfrei» ansehen und bezeichnen, forscht ganz «objektiv» und betreibt eine Art der Weltbetrachtung, die schlechthin «richtig» ist. In Wirklichkeit entspringt eine so geartete Auffassung schlichtweg einem «falschen Bewußtsein», sie ist ideologisch, weil Ideologie immer dort auftritt, wo das Bewußtsein sich selbst nicht mehr kritisch befragt, sondern sich ob der eingenommenen Herrschaftsposition unreflektiert zum Maß der Welt und der Geschichte nimmt. Dieses Bewußtsein ist unfähig, sich in ganz andere Positionen verstehend oder wenigstens verständig einzuleben. Wer nach Bacon von den «idola fori», den Götzenbildern des Marktes, beherrscht wird, von einem in dieser Art überzogenen Selbstverständnis, der bemerkt nicht mehr, daß er von «Gespenstern» gepackt wird, deren Einflüsterung stets die Intoleranz erzeugt. Gerade das sinnlich Vorzeigbare des herrschenden Paradigmas verdeckt, daß sogar «Technik als Ideologie» (Habermas) aufzutreten vermag. Es kann keinem Zweifel unterliegen, daß es sich auch beim naturwissenschaftlichen Paradigma um einen aus einheitlicher Verständnismethode gewonnenen, umfassenden Sinnbezug, also um eine Weltanschauung handelt.

Doch damit sind keineswegs alle Tatbestände abgeschritten. Es gilt vielmehr noch einen weiteren zu berücksichtigen: jene herrschende Verstehensweise der naturwissenschaftlichen Weltanschauung konnte durchaus nicht auf alle Wissenschaftsdisziplinen bruchlos übertragen werden. So läßt sich schwerlich etwa das Wesen des Genies, die Bedeutung und der Wert des begabten Menschen daraus ableiten, wieviel Zeilen dem Betreffenden in einem Lexikon gewidmet werden. Kurz, es mußten auch weiterhin andere Methoden außerhalb der «exakten» Wissenschaften zugelassen bleiben, und sie sind in der Tat vielfältig. Jede Wissenschaft hat ihrem Sachgebiet entsprechend ihre eigenen Methoden. Doch wie schließen sich die jeweils gewonnenen Bausteine wieder zu einem Gesamten zusammen? Kann es überhaupt noch eine einheitliche Weltanschauung als Sinngefüge alles Erkannten geben?

In früheren Zeiten – vom 6. Jahrhundert vor Christus bis ins Mittelalter – schuf diesen Zusammenschluß die *Philosophie,* dann die *Theologie,* bis im 18./19. Jahrhundert erneut die *Philosophie* (Kant, Fichte, Schelling, Hegel, Marx) die einheitsstiftende Aufgabe übernahm. Gegenwärtig versteht sich die *Soziologie* gelegentlich als *«Integrationswissenschaft»,* ohne es geworden zu sein. Und in der Tat: der Weg zu einem Gesamtsinngefüge kann weder auf die Einzelwissenschaft verzichten noch sich in ihr erschöpfen; vielmehr erhält diese von jener den Inhalt wie umgekehrt jene von dieser methodische Anregungen. Insofern erweist sich, daß die heute herrschende Naturwissenschaft auf weite Strecken mit ihrer Methode zu Sinnaussagen kommt, die weit über ihren unmittelbaren Gegenstandsbereich hinausgehen, etwa im Darwinismus, der mit seinem Entwicklungsgedanken zu Einsichten über das soziale Leben gelangt. Zu *fundamentalen Fragen der menschlichen Existenz* wie Schicksalsschlägen und Tod vermag dieser Ansatz jedoch nur unzureichende Einsichten beizutragen. Was durch Naturwissenschaft zum Rätsel des Todes über die im Leib liegenden Gründe beigebracht wird, reicht der fragenden Seele meist nicht. So stützt sie sich in ihrer Not und Frage auf – wie man das heute sieht – «außerwissenschaftliche» Quellen: auf das *Offenbarungswissen,* den Glauben, die Religion. Da findet die Seele unter Umständen jenen Halt, den ihr die Naturwissenschaft nicht zu geben vermag. Und die Entscheidung hierfür ist unantastbar. Doch wenn nach dem Ursprung der Glaubensquellen gefragt wird, ergeben sich nicht unerhebliche Probleme für ein kritisches neuzeitliches Bewußtsein. Denn selbst wenn man Thomas von Aquinos (1225–1274) Lehre von der «dreifachen Erkenntnis der göttlichen Dinge» einsichtig findet, ergeben sich doch weiterhin Fragen. Der heilige Thomas beschreibt diese Erkenntnisse so: «Deren erste besteht darin, daß der Mensch mit dem natürlichen Licht der Vernunft durch die Kreaturen zur Erkenntnis Gottes aufsteigt. Die zweite besteht darin, daß die göttliche Wahrheit, die die menschliche Vernunft übersteigt, zu uns herniedersteigt in der Weise der Offenbarung (per modum revelationis), freilich nicht dem Schauen dargeboten, sondern gleichsam als auf Verkündigung hin zu Glaubendes. Die dritte besteht darin, daß der menschliche Geist zu dem erhoben wird, was als Geoffenbartes auf vollkommene Weise zu schauen ist (intuenda)»[12]. Anerkennt man, daß auf diese drei Arten das Göttliche erfahren werden kann, so bleibt aber noch die Frage, wieso dann, wenn Gott als das Absolute sich offenbart, das Geoffenbarte, wie es etwa im Alten und Neuen Testament vorliegt, nicht nur Stufen auf einem Weg umfaßt, sondern z.T. gegensätzliche, d. h. rational nicht zu vereinbarende Inhalte aufweist. Diese Problematik beschäftigt die Aufklärung späterer Jahrhunderte.

Unmittelbar nachdem in einer außerordentlichen Anstrengung durch Immanuel Kant (1724–1804) die beiden Bereiche der Wissenschaft und des Glaubens philosophisch voneinander geschieden wurden und ihre jeweilige Eigenständigkeit für das rationale Bewußtsein begründet war [13], wurde kurz darauf einerseits durch Fichte und Hegel der Versuch unternommen, den so festgeschriebenen *Dualismus* zu überwinden; andererseits wird durch die aufkommende Bibelkritik danach gestrebt, die Widersprüche, die sich dem aufgeklärten Bewußtsein innerhalb der Bibel ergeben, zu beseitigen und die wahre Gestalt der Offenbarung zu gewinnen. Hier sind David Friedrich Strauß (1808–1874), Ludwig Feuerbach (1804–1872) und Bruno Bauer (1809–1882) zu nennen. Während z.B. B. Bauer durch die Erkenntnis, daß das Alte und Neue Testament Stufen einer Offenbarung des Absoluten darstellen sollen, aber als solche tatsächlich doch nur relativ sind, in einen Atheismus und Materialismus getrieben wird und dabei seinen Schüler, Karl Marx, der ihn darin noch übertreffen wird, mitreißt, gibt es daneben in der Mitte des letzten Jahrhunderts philosophische Bemühungen, zu einem Monismus zu gelangen, der nicht im Materialismus untergeht, sondern dem Geist und damit Gott ein Primat einräumt. Es sind dies die vergessenen Strömungen des spekulativen Theismus Immanuel Hermann Fichtes (1796–1879), Christian Hermann Weißes (1801–1866) oder die Philosophie der Tat, der tatkräftige Spiritualismus aus dem Hegelianismus August Graf Cieszkowskis (1814–1894) u. a. Vor diesem geistmächtigen Ringen innerhalb des Monismus ist auch Steiners Bemühen in den 80er und 90er Jahren des vorigen Jahrhunderts zu sehen, wenn er bestrebt ist, «gegen allen Dualismus» zu kämpfen und eine streng positivistische Analyse unseres Erkenntnisvermögens zu geben, um einen Monismus zu rechtfertigen.[14]

«Die Zukunft wird das ethische Leben des Menschen aus derselben Quelle hervorgehen sehen, aus der auch das natürliche Geschehen entspringt. Sittengesetze werden nur als Spezialfälle von Naturgesetzen gelten können. Deshalb werden sie auch nicht mehr in abstrakten Normen, sondern im konkreten Individualleben gesucht werden» (schreibt der junge Steiner)[15]. Für diese Philosophie ist Gott nicht in einer anderen Welt zu suchen, sondern hier gegenwärtige Wirklichkeit, er ist immanent in allen Erscheinungen. Nachzuweisen, daß «das Viele Eines ist . . ., ist vielleicht die schwierigste Aufgabe einer *Philosophie der Immanenz*»[16]. Es ist dies ein monistischer Ansatz.

Steiner sieht die Aufgabe, zwischen Hegels Panlogismus und Goethes Individualismus zu vermitteln. Wenn Hegel den der Welt immanenten Ideengehalt darstellt, so hat für ihn die Idee, das Göttliche, selbst Wirklichkeit. Dann aber muß auch «der Erkenntnisprozeß ein realer und kein bloß logischer sein, d. h. Wahrnehmung und subjektiver Begriff können nur (einseitige) Momente der Wirklichkeit sein» (ebd., S. 171). Es gilt also diese die Wirklichkeit konstituierenden Faktoren im Erkenntnisprozeß zu verbinden. Und indem dieser Prozeß kritisch untersucht wird, gelangt Steiner einerseits zum Ursprung der Empfindung als dem ersten seelischen Innenerlebnis, andererseits zum Denken: Beobachtet der Erkennende nicht allein die Inhalte, auf die er im Denken die Aufmerksamkeit richtet, sondern den Vollzug des Denkens selbst, dann wird er in diesem Vorgang der *«selbstschöpferischen Tätigkeit»* gewahr. Nun könnte man meinen, daß die selbstschöpferische Innenoffenbarung der Seele sich gerade dem Wesen der Dinge verschließt, doch ganz im Gegenteil: der Mensch gelangt durch das im Denken Erkannte – d. h. über den Begriff – zu den Dingen selbst und den sie konstituierenden Kräften. «Dann wird (der Erkennende) empfinden, wie das Erkennen ein Wirklichkeitsprozeß ist, durch den die Seele mit dem Weltensein fortschreitend zusammenwächst».[17]

Diesen kurz angedeuteten Gedanken führt R. Steiner systematisch in wenigstens drei Werken genau durch – «Grundlinien einer Erkenntnistheorie der Goetheschen Weltanschauung» (1886), «Wahrheit und Wissenschaft» (1892) und «Die Philosophie der Freiheit» (1893). Im Mittelpunkt steht dabei der schon bei Thomas von Aquin auftauchende Begriff der Intuition, wo ein geistiger Inhalt im Denkprozeß erfahren wird: schon «der einfachste Gedanke enthält schon Intuition, denn man kann ihn nicht mit Händen tasten, nicht mit Augen sehen: man muß seine Offenbarung aus dem Geiste durch das Ich empfangen»[18]. So kann verständlich werden, daß durch Übung, d. h. systematische innere Selbstschulung in Gedankenkonzentration, Kontemplation und schließlich Meditation zu weiteren Einsichten und Erfahrungen im sich ausweitenden Bewußtsein gelangt werden kann, die zu einem rein «geistigen Erleben» eines «rein geistigen Inhalts» führen.[19] Auf diese Weise ist zu einem *Monismus* zu gelangen, *der von der Immanenz des Geistigen im Stofflichen ausgeht* und nicht von einer Bezugslosigkeit zwischen einer Welt Gottes im Jenseits und dem diesseitigen Leben. Zwar schafft der überlieferte christliche Glaube die Verbindung der beiden Welten in der Erlösung nach dem Tod, indem die Bewertung der Taten am jüngsten Tag durch das Gericht dem Menschen schon im diesseitigen Leben Antrieb zum sittlichen Handeln zu geben vermag. Aber der Monismus erstrebt moralisches Handeln aus unmittelbarer Einsicht in sittliche Werte. Die Gründe der Sittlichkeit und des Handelns aus Liebe sind für ihn aus moralischer Intuition zugänglich. Die ethischen Handlungsziele sucht er nicht in überlieferten Normen, sondern als freier strebender Mensch in sich selbst, und dieser Weg in die eigene Seele führt ihn zur Übereinstimmung mit den moralischen Weltgesetzen.

Dieser Monismus sieht Materie und Geist nicht getrennt, sondern die Stoffwelt in Emanationen aus Gott hervorgegangen, ohne daß das Göttliche vollständig im Stofflichen aufgegangen wäre. Gott ist weiterhin wirkmächtiger als der Stoff, Gott im Stoff ist offenbar, als geistige Wirksamkeit ist er verborgen – «niemand hat Gott je gesehen» – und stufenweise in der Intuition erfahrbar.

Anthroposophie ist zum einen Teil genau diese erkenntniskritische Wegbeschreibung zur Intuition, d. h. zur Erfahrung des Göttlichen, zum anderen Teil dann aber auch inhaltliche Aussage der auf diesem Weg erlangten Einsichten, die jedoch – in ihrem eigenen Selbstverständnis – gegenüber dem Weg nicht nur untergeordnete, sondern auch «vorläufige» Bedeutung haben, insofern sie stets von einem kräftigen Denken zu prüfen sind.

In diesem Sinne gibt es in der Anthroposophie nicht nur Einsichten in die Menschennatur, sondern auch solche über die Weltschöpfung oder Weltentwicklung, in die Geschichte, in die Religion, in die Stufung geistiger Wesen, die Hierarchien, aber auch in ganz praktische Lebensgebiete; denn einer Methode der Immanenz kann die Welt der Stoffe, sei es etwa in der Landwirtschaft oder Pharmakologie, nicht verschlossen bleiben.

Jede Weltanschauung strebt, sofern sie wissenschaftlich sein will, nach Erkenntnis der Wahrheit. Wahrheit ist ein umgreifender Sinnzusammenhang, der zugleich das Absolute, Vollkommene, ein «Göttliches» voraussetzt. Und obgleich die Wahrheit nur stufenweise zu erringen, also selbst nur durch den Erkenntnisweg zu erlangen ist, bildet sie doch ein Umfassendes. «Nicht darauf kommt es an, daß in dem einen Menschen die Wahrheit anders erscheint als in dem anderen, sondern darauf, daß alle zum Vorschein kommenden individuellen Gestalten einem einzigen Ganzen angehören, der einheitlichen ideellen Welt»[20]. In diesem Sinne umfaßt die Wahrheit nicht bloß die Erscheinungen, also das Sichtbare, sondern auch den schaffenden Seinsgrund, d. h. die unsichtbare Welt wirkender Kräfte und Wesen. Indem der Mensch mit dem Denken in seiner Seele nach Wahrheit sucht, spricht sich in der Wahrheit «nicht allein die Seele, sondern sprechen sich die Dinge der Welt aus», denn die Denkgesetze sind in Übereinstimmung mit der Weltenordnung.[21]

Waldorfschule und anthroposophische Weltanschauung

Vor diesem Panorama, dem Blick auf das naturwissenschaftliche Paradigma und auf die anthroposophische Weltanschauung ist nun zu fragen, inwiefern die Waldorfschule Weltanschauungsschule ist oder nicht. Dabei hat man sich nochmals zu vergegenwärtigen, daß das vorherrschende Paradigma der Naturwissenschaft zwar nicht auf allen Fachgebieten Anwendung findet; gleichwohl werden alle Sichtweisen, sofern sie sich an Hochschulen das Lehrrecht erworben haben, als weltanschaulich neutral angesehen, wobei sich die «Neutralität» in der Vorstellung dadurch ergibt, daß aus verschiedenem Ansatz heraus vertretene Auffassungen sich wie Säure und Base in der

Wirkung gegenseitig aufheben, neutralisieren, daß also ein Wissenschaftspluralismus weltanschaulich nicht erheblich sei.

Für den Erziehungsvorgang kommt nun allerdings tatsächlich noch ganz anderes in Betracht, denn da ist das Neutrale, Beliebige auch das Gleichgültige. Ganz anders ist es jedoch, wenn ein an der Sache interessierter und vom Gegenstand begeisterter Lehrer seine auch subjektiv durchtränkte Überzeugung vermittelt. Er vermag den eigenen Schwung auf den Schüler zu übertragen, dessen Aufmerksamkeit anzuregen, seine Hinneigung zum betrachteten Gegenstand zu verstärken und damit nicht nur «mechanisches Pauken», sondern verstehendes Lernen zu fördern. Wo nur neutral abgesicherte Erkenntnisse weitergegeben und Theoreme dargestellt werden, an deren Zustandekommen der Lernende nur über Bücher teilhat, erstirbt jeder Unterricht in Langeweile. Nun könnte man sagen: welch Unglück, wenn etwa «falsche Gedanken» von denen, die sie begeistert vortragen, prägend auf die Nachfolgegeneration übertragen werden und sie umso fester fixieren. Doch so einfach läuft die Wirklichkeit nicht ab. Es sei einmal unterstellt, die vermittelte Gedankenbildung sei tatsächlich falsch oder unzureichend, so wird der nachwachsenden Generation dadurch mancher Stein in den Weg gelegt. Als Beispiel mag hierfür die an deutschen Schulen im 19. Jahrhundert und zur Zeit des Nationalsozialismus vermittelte patriotische Begeisterung, der imperialistische Größenwahn an Schulen Englands, Frankreichs usw. gelten, also Wertsetzungen, die übermittelt wurden, heute aber als überholt oder gar verwerflich gelten. Doch gerade an diesem problematischen Tatbestand kann man für das Entscheidende, das in und durch die Pädagogik zu geschehen hat, erwachen. «Wir haben nicht die Aufgabe, unserer heranwachsenden Generation Überzeugungen zu überliefern. Wir sollen sie dazu bringen, ihre eigene Urteilskraft, ihr eigenes Auffassungsvermögen zu gebrauchen. Sie soll lernen, mit offenen Augen in die Welt zu sehen... Unsere Überzeugungen gelten nur für uns. Wir bringen sie der Jugend bei, um ihr zu sagen: so sehen wir die Welt an; seht ihr zu, wie sie sich euch darstellt. *Fähigkeiten* sollen wir wecken, nicht Überzeugungen überliefern. Nicht an unsere ‹Wahrheiten› soll die Jugend glauben, sondern an unsere Persönlichkeit. Daß wir *Suchende* sind, sollen die Heranwachsenden bemerken. Und auf *die Wege der Suchenden* sollen wir sie bringen.»[22]

Dieses Unterfangen kann mißlingen, aber das gilt für jeden Lehrer, wo immer er unterrichtet, jedoch macht es dann einen Unterschied, ob er sich diese Aufgabe einmal als Ziel gesetzt hat und sich seines Versagens bewußt werden kann oder ob er naiv von sich überzeugt ist und seine Auffassung im Schüler reproduziert haben will. In der Waldorfpädagogik macht sich der Erzieher die Gegebenheit bewußt, und gegenüber seiner möglichen «Verfehlung» des selbstgesetzten Zieles weiß er, daß ganz unabhängig von ihm und seiner Lehre sowohl der einzelne als auch ganze Schülergenerationen nach dem ihnen gemäßen Weltverständnis, nach ihrer «Weltanschauung» suchen, wenn sie auf den Weg der Freiheit gebracht wurden. Wie die große geschichtliche Entwicklung zeigt, hat bisher stets eine vorhergehende Generation die nachfolgende so zu erziehen beabsichtigt, daß sie dankbar das Vorhandene aufgreift. Der Waldorflehrer wird eine andere Erwartung haben: Aufgrund der bei diesem Verfahren auftretenden Brüche, die auf den eigenständigen Geist in jedem Menschen verweisen, wird er die individuelle Kraft schätzen lernen und sie durch seine Pädagogik nicht zu unterdrücken, sondern zu wecken suchen. Er versucht den einzelnen Menschen zu einem Bewußtsein seines Menschentums zu führen, was die Achtung vor dem Gewordenen einschließt, aber auch die Förderung der sittlich-moralischen wie der religiösen Kräfte und der Hingabefähigkeit an das Schöne und Wahre mit umfaßt.

Von da aus wird auch deutlich, warum das anthroposophische Gesellschaftsverständnis dazu führt, daß die Lehrer in einer individuellen Weise dem zu Erziehenden gegenüberstehen müssen, also nicht abhängig sein dürfen von Vorgaben und Richtlinien, die Normen in den Erziehungsvorgang hereintragen. «Was gelehrt und erzogen werden soll, das soll nur aus der Erkenntnis des werdenden Menschen und seiner individuellen Anlagen entnommen werden. Wahrhaftige Anthropologie soll die Grundlage der Erziehung und des Unterrichts sein.»[23] Das darf nicht so verstanden werden, daß die Schule und der Erzieher bezugslos zur Gesellschaft und deren Notwendigkeiten stünden; vielmehr handelt es sich nur darum, daß sie selbst es sein müssen, die anthropologische Entwicklung und gesellschaftliche Forderungen zum Ausgleich bringen müssen. Geschieht dieser Ausgleich aber außerhalb der Schule durch ministerielle Normierung, so wird dieser Tatbestand von dem freien Geist der nachwachsenden Generation so erlebt, daß dagegen revoltiert wird oder daß diese Kraft sich in reiner Anpassung bricht.

Anthroposophische Methode in der Erziehung

Vor diesem allgemeinen Hintergrund kann nun gefragt werden, was es mit der anthroposophischen Weltanschauung im besonderen auf sich hat und inwiefern sie anders als die herrschende Weltanschauung auf den Erziehungsprozeß einwirkt.

Wenn Bacon, einer der Begründer des neuzeitlichen Naturverstehens, Wissen als Macht bezeichnet, so meint er, daß durch Kenntnis der Fakten und Inhalte Macht, Herrschaft über die Natur gewonnen und ausgeübt werden kann. Demgegenüber geht es einem anthroposophischen Naturverständnis nicht um Herrschaft – diese hat ja die Naturwissenschaft gebracht und wird sie weiter ausbauen –, sondern um einen Schritt darüber hinaus, der auch das Erleben einbezieht und so noch tiefer in die Erscheinungen der Natur eindringt und sie in ihrem Wesen besser verstehen lehrt. Nach Bacons Methode dagegen soll nicht nach Wahrheit und Wesen der Sache, sondern nach ihrer Nutz- und Beherrschbarkeit gefragt werden, und so baut dieses Verfahren sich Modelle, die nicht den Anspruch erheben, die Sache zu erfassen oder abzubilden, sondern nur – oder ist das mehr? – sie beherrschbar zu machen; so wird z. B. das menschliche Gehirn als Informationsverarbeitungssystem, als EDV-Anlage, der Stoffwechsel als chemische Fabrik usf. erklärt. Dadurch aber entfallen vornehmlich alle jene Beziehungen, die die einzelne Erscheinung in einen größeren Zusammenhang, in das tatsächliche Wirkgefüge einbinden. Gegenwärtig wird an zahllosen Symptomen deutlich, daß mit diesem Herrschaftsverfahren zwar Waldsterben, Naturverseuchung, radioaktive Kontaminierung u. v. a. m. erzeugt, die daraus resultierende Schädigung aber nur unzulänglich behoben werden kann. So wie die Erhebung des Gefühls durch Herrschaft über die Natur erlebt werden kann, muß nun auch die Ohnmacht gegenüber den natürlichen Lebenszusammenhängen leidvoll erfahren werden. Um darüber hinauszukommen, ist nicht vorrangig notwendig, daß neue Inhalte hinzukommen, sondern daß die Verhältnisse und Erscheinungen neu

66

gesehen werden. Dazu erzieht Anthroposophie aus der ihr eigenen Methode. Aber darüber hinaus kommt die anthroposophische Geisteswissenschaft nicht nur zu methodischen, sondern auch zu inhaltlichen Aussagen.

An dieser Stelle könnte nun gesagt werden, da werde eine «neue Weltanschauung» sichtbar und den Schülern vermittelt. «Fürchten Sie durchaus nicht, daß wir aus dieser Schule eine Weltanschauungsschule machen wollen und etwa anthroposophische oder andere Dogmen den Kindern eintrichtern wollen. Das fällt uns nicht ein ... Wir wollen vielmehr gerade aus dem, was uns Anthroposophie ist, eine pädagogische Kunst entwickeln. Das Wie im Unterricht, das ist es, was wir gewinnen wollen aus unserer geistigen Erkenntnis. Nicht wollen wir den Kindern dasjenige eintrichtern, was wir meinen, sondern wir glauben eben, daß sich Geisteswissenschaft von jeder anderen Wissenschaftsart dadurch unterscheidet, daß sie den ganzen Menschen ausfüllt, ihn auf allen Gebieten geschickt macht... Auf dieses Wie wollen wir sehen, nicht auf das Was. Das Was ergibt sich aus den sozialen Notwendigkeiten, das muß man ablesen an dem, was der Mensch wissen und können soll, wenn er sich als tüchtiger Mensch in die Zeit hineinstellen soll. Aber das ‹Wie›, wie den Kindern etwas beizubringen ist, das ergibt sich nur aus einer gründlichen, tiefen und liebevollen Menschenerkenntnis. Die soll walten und wirken in unserer Waldorfschule.»[24] Diese Intention geht lebenslang durch Rudolf Steiners Wirken und ließe sich an zahlreichen weiteren Darstellungen belegen. Sie ist auch für den Waldorflehrer gültig, wenn er sich recht versteht. Was also nicht gewollt war und sein kann, ist die «Indoktrination» oder die Vermittlung eines «falschen Bewußtseins», d. h. von Ideologie, sondern eine Sicht auf die Welterscheinungen, die das Kind ermächtigt, einerseits tüchtig zu werden, weil es etwas von der Welt versteht, andererseits durch die Begegnung mit der Erscheinung zu wachsen, indem Interesse geweckt und Fragen lebendig werden, die in der Seele fortwirken.

Im April und Mai 1986 zog eine radioaktive Wolke über Europa infolge einer Reaktorkatastrophe in Tschernobyl (Ukraine). Ein kritischer Beobachter fragt: «Was wäre geschehen, wenn die Wetterdienste versagt, die Massenmedien geschwiegen, die Experten sich nicht gestritten hätten? Niemand von uns hätte etwas bemerkt. Wir sehen, hören weiter, aber die Normalität unserer räumlichen Wahrnehmung täuscht: Vor dieser Gefahr versagen unsere Sinne. . . Die Sinne sind – in der vollen Pracht ihrer Wirklichkeitsbilder – enteignet worden» [25]. Dies gilt für jenen vom Menschen geschaffenen Wirklichkeitsbereich, zu dem er keinen direkten Zugang hat; dieser Bereich läßt sich als «untersinnlich» bezeichnen. Wird der Mensch sich dieses Bereiches und seiner Wirksamkeit plötzlich bewußt, dann gehen von dieser Bewußtwerdung Schockerlebnisse aus. Wie nun neben der «reichen Natur» noch anders geartete, «untersinnliche» Wirklichkeitsbereiche existieren, so weiß die Menschheit seit altersher auch, daß es ebenso übersinnliche Erfahrungen und Begegnungen gibt, von denen alle Offenbarungsurkunden, etwa die Bibel berichten. Wie steht es mit ihnen? Als Ahnung sind sie stets gegenwärtig. Werden sie aber bewußt erfahren, dann, so berichtet die Bibel, löst die Vergegenwärtigung des Geistes stets Furcht in demjenigen aus, der mit diesem Wirklichkeitsbereich konfrontiert wird. – «Fürchte dich nicht!» heißt die Formel, mit der das geistige Wesen sich zu erkennen gibt. «Schockfrei» scheint einzig der mittlere Bereich, die Begegnung mit der sinnlichen Natur zu verlaufen, vermag sie doch allein im kühlen Gegenüber, registrierend, deskriptiv aufgenommen zu werden. Dies entspricht der wissenschaftlichen Haltung. Daneben aber gibt es auch gefühlsmäßige, stimmungshafte Zugänge zu den anderen Wirklichkeitsbereichen des Übersinnlichen, wie sie etwa Poeten und Musiker einfangen oder in Elementarereignissen durch aufwühlende Stimmungen erlebt werden. Doch weder um das eine noch das andere kann es sich im Unterricht handeln, obgleich die Anthroposophie von der Welt des Untersinnlichen wie Übersinnlichen weiß, sondern allein um die Immanenz des Geistigen in der äußeren Erscheinung.

Es geht darum – was am Beispiel des Pflanzenkunde-Unterrichts aufgezeigt werden soll –, daß das Kind einerseits eine der Sache, andererseits ihm selbst gerecht werdende Vermittlung und Begegnung etwa mit der Pflanzenwelt erfährt. Dabei schildert der Lehrer zunächst den Zusammenhang der feuchten Erde mit den wärmenden Strahlen der Sonne, dem Luftkreis, aus dem eine Pflanze keimt, sproßt, sich spreitet, schließlich erblüht, fruchtet und welkt.[27]

«Dann konzentriert sich der Blick jetzt auf die ganze Erscheinung einer vollentfalteten Blütenpflanze, bzw. auf die Entfaltung der ganzen Erscheinung und auf den Charakter dieser Gesamterscheinung ... Dabei werden die Einzelerscheinungen zur Gesamtheit durch denkendes Vorstellen verbunden, und es wird vergegenwärtigt, was ausdruckshaft diese Gesamtheit durchprägt, d. h. es wird versucht, die Pflanzenwelt in ihrem Gestaltcharakter zu erfassen.

Rudolf Steiner hat solches Verstehen, in dem die Pflanzen als das lebendige aus der Erde Hervorsprießen eines gebärdendurchsetzten Lebens und als Zurückweichen dieses Lebens erscheinen, als pädagogisch wichtig gerade für den Pflanzenkunde-Unterricht des 5. und 6. Schuljahres bezeichnet. Er stellte deshalb den Lehrern die Aufgabe, die Pflanzen nicht bloß in der üblichen Weise, sondern mit zusätzlichen Erkenntnismitteln zu betrachten, die nicht mehr an der Außenwelt, sondern aus dem Umgang mit dem Seelischen, das letzten Endes allem gebärdenhaften Ausdruck zugrundeliegt, zu gewinnen sind. Es muß hier scharf unterschieden werden zwischen zwei zunächst grundverschiedenen Verhaltensweisen: zwischen dem subjektiv-seelischen Beeindrucktwerden durch Pflanzen, das nichts über die Natur, sondern nur etwas über den Betrachter aussagt, und dem sachlichen Studium der seelischen Regungen vom Willen zu den Emotionen, Affekten, Gefühlen bis zu den Gedanken und der Einbeziehung der hier neu gewonnenen Anschauungen in die Pflanzenbetrachtung.[26] Das ist ein heute nicht übliches, aber wissenschaftlich legitimes Vorgehen, sofern man diese Anschauungen nicht naiv auf die Pflanzen überträgt, sondern insoweit bei der Betrachtung anwendet, als sich durch sie die sonst rätselvollen Phänomene aufklären. Um hierbei nicht allen möglichen Zufälligkeiten und damit der Ungenauigkeit bzw. Willkür zu unterliegen, muß mit einem erheblichen Maß an kritischer Selbstprüfung eine weite Kenntnis der seelischen Phänomene wie der Pflanzen verbunden sein. – Hier kann diese Betrachtungsart allerdings nur an wenigen Beispielen durchgeführt werden, zunächst ausgehend von Seelenregungen, die als Begierde und Wunsch (im Sinne von Verlangen) zwischen Gefühl und Wille liegen.

Begierde und Wunsch stehen in einem charakteristischen Verhältnis zueinander, wenn man sie unter dem Gesichtspunkt von Sympathie und Antipathie betrachtet.[28] Die gewöhnliche Begierde hat einen ausgesprochen selbstsüchtigen Charakter, indem sie sich der Umgebung nur zuwendet, um aus dieser etwas für die bloß subjektive Befriedigung an sich zu ziehen. Alles übrige – und das ist das meiste – wird nicht beachtet, wird abgewiesen oder zurückgestoßen. Die Beziehung zur Umgebung ist also wesentlich durch diese Antipathie bestimmt. Aus dieser Hülle der Absonderung drängt aber die von Selbstsucht durchsetzte Sympathie intensiv nach außen. Dadurch fehlt dieser Sympathie gerade das, was im reinen Wesen der Sympathie liegt: die Hingabe. Es herrscht hier statt dessen nur nach außen gerichtete Hinwendung.

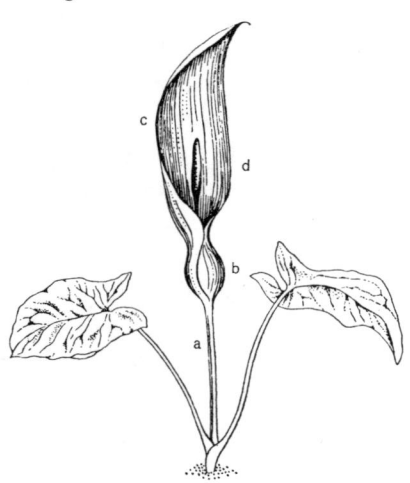

So hat das Begehren schon im Seelischen einen ausgesprochen gebärdenhaften Charakter. Wenn diese rein seelische Gebärde sich nun mehr äußerlich bildhaft ausgestaltet, kommt man zu einer Form, bei der stark nach außen drängend (a) ein Raum mit starker Absonderung gebildet wird (b), von dem aus mit eingeengter Hinrichtung zur Umgebung (c) als diese selbstsüchtig wirkende Sympathie eine verlockend-saugende Wirkung ausgeht (d). Das alles tritt uns ganz auffällig in der Bildung des Aronstabes entgegen. Dadurch, daß hier das den Eigenraum (a) umhüllende Blatt (Spatha) sich auch über dem Kessel so wenig öffnet, ist von Hingabe an die Umgebung nicht einmal eine Andeutung vorhanden. Dagegen dringt aus dem Innenraum gerade jenes Gebilde, das sonst beim Blühen ganz zurücktritt, der Sproß, in dem rotbraunen Kolben (d) mit auffälliger Eigenbetonung in Erscheinung und saugt durch seinen üblen Geruch kleine Insekten in den Eigenraum, in dem eine z.T. weit über der Umgebungstemperatur liegende Glutwärme herrscht. – Es ist charakteristisch, daß der Aronstab im Schatten der Wälder wächst und sich nicht dem Lichte zuwendet wie sonst die Blüten, sondern auf Dinge, auf Fliegen, hingerichtet ist, die er eine Zeitlang gefangen hält, bis die Bestäubung mit Sicherheit vollzogen ist.

Diese bildhaft räumliche Ausgestaltung dessen, was man im inneren Erleben als Begierde kennt, kann man bis in die Blätter verfolgen. Hier ist der lange, vom Boden in die Umgebung drängende Stiel und die ebenfalls stark nach außen gerichtete Blattspreite ebenso charakteristisch wie die Materie, die an der ganzen Pflanze wenig bleibende Konsistenz, sondern einen schnell in die Entfaltung drängenden und ebenso vergänglichen Charakter hat. Bis in das Wachsen und die Materie findet man das für die Begierde kennzeichnende Verhalten eines intensiven Auflebens und In-Sich-Zusammensinkens nach der Befriedigung, hier nach der Befruchtung. – Bei den zahlreichen ausländischen, insbesondere tropischen Aronstabgewächsen kann man vielseitige Variationen des Begehrens studieren.

Beim Wunsch (Verlangen) dominiert nicht wie beim Begehren die Antipathie, sondern die Sympathie. Man wünscht sich deshalb etwas, weil man zu der betreffenden Sache Sympathie empfindet. Es bleibt aber nicht bei dieser reinen Sympathie; denn mit der Sympathie vereinigt sich in dem Haben-Wollen eine wenn auch schwächere selbstsüchtige Wirkung. Diese steht aber nicht so wie beim Begehren im Vordergrund, sondern wirkt modifizierend in die ganze Sympathie hinein. Im Wunsch macht sich dadurch die subjektive Eigennatur des betreffenden Wesens geltend. Indem das Verlangen sich stark zur Umgebung hinwendet, wird diese subjektive Eigennatur nach außen bemerkbar; was sonst im Innern des Seelischen verborgen ist, drängt hier in die Erscheinung.

R. Steiner hat nun auf den speziellen Zusammenhang von Wunsch und Wasserlilie (Schwertlilie) hingewiesen.[29] Das, was man als Seelengebärde des verlangenden Wunsches innerlich erfaßt, findet man äußerlich bei den Schwertlilien in der so außerordentlich charakteristischen und auch einmaligen Blütengestalt: in der Tatsache, daß ihre drei äußeren Blütenblätter nicht einen Blütenkelch bilden, sondern das Innere nach außen wenden, daß die Narben, die sonst im Blüten-innenraum sind, sich verlängern und so über diese Blütenblätter legen, daß also ein sonst Inneres auch hier zur Umgebung hin in Erscheinung tritt und nach drei Seiten hin zusammen mit den Blütenblättern einen Schlund des Aufnehmen-Wollens bildet. In der Mitte der im Ganzen stark aufstrebenden Blüte bilden die drei viel kleineren inneren Blütenblätter einen wenig vollkommenen Blütenkelch. – Der stark nach außen tretende Impuls des Verlangens gestaltet sich besonders nachdrücklich in dem aufwärts strebenden Stiel und vor allem in den schwertartigen Blättern aus. Blätter wenden sich sonst durch die mehr horizontale Blattspreite zum Licht hin. Das ist hier durch entschiedenes Nach-oben-Drängen ersetzt. – Gegenüber den Blättern des Aronstabes wirken die der Schwertlilie ebenso wie ihr Blütensproß viel stärker durchgestaltet – so wie der Wunsch sich gegenüber dem mehr von außen angefachten Begehren viel entschiedener und seelisch-kraftvoller aus dem Inneren der Seele entfaltet.

Man ist bei solcher Betrachtung veranlaßt, die Gestaltung der Pflanzen mit der ganzen Regsamkeit seelischen Erlebens zu begleiten, nachdem man zuvor den gebärdenhaften Charakter der Seelenregungen rein psychologisch studiert hat. Dadurch kann sich nun die in der Natur vorhandene Gebärde aussprechen; man belebt in Übereinstimmung mit dem äußeren Betrachten in sich seelisch, was draußen nur gestaltend lebt.

In diesen Prozessen liegt die besondere pädagogische Bedeutung solchen Pflanzenkunde-Unterrichts. Die Kinder beginnen die Gestalten, die sie mit ihrem Vorstellen erfassen, mehr und mehr mit den Kräften ihrer Seele zu durchleben – auch wenn sie das noch nicht mit der Bewußtheit des Erwachsenen können. Das Vorstellen ist immer in Gefahr, sich zu sehr mit Inhalten der äußeren Welt so anzufüllen, daß es keine rechte Beziehung mehr zum Menschen hat – besonders wenn es sich ausschließlich mit Einzelfakten verbindet und so in den isolierten Vorstellungsinhalten sein eigenes Leben weitgehend verliert. Indem durch solchen Pflanzenkunde-Unterricht das Vorstellen der Kinder sich stark mit den Kräften der eigenen Seele durchdringt, wird es der Entfremdung und den ertötenden Einflüssen entrissen. . .» Es wird sowohl das innere Erleben angeregt als auch die klare Beobachtung aufgerufen, so daß dadurch eine innigere Beziehung entsteht.

Dieses Beispiel soll für die Art der Weltbetrachtung stehen, wie sie sich aus der Anthroposophie ergeben kann. An ihr wird exemplarisch deutlich, wie Anthroposophie vornehmlich Methode und nicht Inhalt ist, und dies gilt für alle Unterrichtsfächer gleichermaßen. Es ist bei grundsätzlichen Abklärungen stets besser, sich nicht allgemein in prinzipiellen Vorstellungen zu bewegen, sondern sich an die konkreten Tatsachen zu halten, weil das, was in Abstraktionen sich ganz gegensätzlich ausnimmt, im konkreten zugänglich wird.

Gegen das Vorgebrachte mag eingewendet werden, daß es für die Naturkunde zwar so sein mag, aber gerade in geisteswissenschaftlichen Fächern wie Deutsch oder Geschichte schlagen dann doch anthroposophisches Wertsystem und Weltanschauungsinhalte selbst durch. Als Beispiele, die dafür genannt werden können, mögen etwa die Dreigliederungs-Idee oder der Reinkarnationsgedanke gelten – also anthroposophische Inhalte. Was die Konzeption der sozialen Dreigliederung betrifft, die Rudolf Steiner von 1917 an vertrat, d. h. eine Gliederung der gesellschaftlichen Entscheidungsprozesse nach den drei grundlegenden Leistungszusammenhängen von Wirtschaft, Rechtsleben und Kultur durch Assoziationen, Demokratie und Selbstverwaltung, so ist dieses Strukturangebot ebenso selbstverständlich im Unterricht der Oberstufe zu behandeln wie die bestehende liberal-soziale Grundordnung der Bundesrepublik als auch die gesellschaftspolitische Konzeption des reinen Liberalismus oder des Kommunismus. Die Schule hat Lebenskunde zu vermitteln, und dazu zählen die bestehenden Gesellschaftsordnungen, aber auch die historisch gelebten Ordnungen, desgleichen Zukunftsentwürfe sozialer Utopien, von der Apostelgeschichte über Thomas Morus, Campanella, Bacon u. a., ebenso die Französische Revolution mit ihren Zielen. Wenn etwa dann im Geschichtsunterricht mit den Achtzehnjährigen das Selbstverständnis der Menschheit im Hinblick auf ihren eigenen Werdegang behandelt wird, sind auch die wichtigsten «Geschichtstheorien» der Neuzeit zu behandeln, wie sie Lessing, Novalis, Marx u. a. vorlegten. Lessing aber ist es, der als Aufklärer den Gedanken der Wiederverkörperung erstmals in Deutschland ausspricht. Auf den einen Schüler wird das Eindruck machen, auf andere aber weniger oder wird sie gar nicht berühren. Die Inhalte, welche die Schule vermittelt, sind Materialien zum Bau der eigenen Weltanschauung des Schülers, der individuell teilhat an den großen Weltanschauungen der Zeit. Und sollte vom Lehrer neben dem engagierten Bericht auch nur ein subtiler Druck zugunsten einer bestimmten Auffassung erfolgen, indem er diese dem Schüler gern indoktrinieren wollte, so verstößt dies nicht nur gegen die innerste Intention der Waldorfpädagogik, sondern der Schüler würde das durch seine ablehnende Einstellung quittieren, indem er in entschiedene «Opposition» zum dogmatisch Vermittelten tritt. Es geht hierbei also nicht um unsere persönliche Wahrheit! Und der Lehrer hat zu respektieren, wenn der Schüler zu ganz anderen Sichtweisen kommt als er selbst.

Der weltanschauliche Werdegang der Waldorfschüler –
ein kurzer Erfahrungsbericht

Nun mag sein, daß die Absicht zwar in sich schlüssig, das Handeln aber doch anders aussieht. Und insofern ist es sicher auch gut, tatsächlich zu überprüfen, ob theoretische Absicht und reale Handhabung nicht auseinanderklaffen. Vor einigen Jahren wurden im Rahmen eines vom Bundesministerium für Bildung und Wissenschaft geförderten Projekts die Bildungslebensläufe ehemaliger Waldorfschüler untersucht. An der Untersuchung beteiligten sich 1460 ehemalige Schüler von insgesamt 2300 Angehörigen des Altersjahrgangs 1946/47. Ein Fragenkomplex richtete sich einerseits darauf, die weltanschauliche Orientierung des Elternhauses der Befragten festzustellen, und andererseits zu ermitteln, wie sich die ehemaligen Schüler nach dem Schulbesuch selbst einordneten. Dabei wurde nicht nur nach der Einstellung des Elternhauses bzw. eines Elternteils zum anthroposophischen Gedankengut, sondern auch zur Christengemeinschaft gefragt. (Die Christengemeinschaft selbst geht auf eine Initiative vor allem evangelischer Theologen zurück, die in ihrem Streben nach religiöser Erneuerung 1922 Steiner um Rat fragten, ohne daß dieser sich mit der Einrichtung selbst verbunden oder sie als eine «anthroposophische Gründung» betrachtet hätte. Denn dem eigenen

Selbstverständnis nach ist Anthroposophie ein methodischer Schulungsweg und betrachtet sich als Wissenschaft, die Auskunft über die angewandten Erkenntnisverfahren gibt, während es die Religion und damit auch die Christengemeinschaft mit Bekenntnis, Kultus und Gemeindebildung zu tun hat.) Wenn also in der vorliegenden Befragung sowohl die anthroposophische Orientierung als auch daneben die Zugehörigkeit zur Christengemeinschaft zusammengefaßt als eine einheitliche Weltorientierung verstanden wurden, dann gaben 223 Ehemalige, das sind 20 % der Befragten an, daß entweder Vater oder Mutter oder beide Eltern das «anthroposophisch beeinflußte Elternhaus» bildeten. Diese Zahl bei Schülern, die ihre Schulzeit in den 50ern bis Mitte der 60er Jahre verbracht haben, muß vor dem Hintergrund interpretiert werden, daß damals die Waldorfschule noch weniger im öffentlichen Bewußtsein und Interesse stand und insofern sich vor allem aus Schülern rekrutierte, deren Eltern diese Schule auch aus ihrem eigenen weltanschaulichen Hintergrund wählten.

Heute ist dieser Prozentsatz anthroposophisch orientierter Elternhäuser weit geringer als damals. Im Verhältnis zu ihrer Herkunft aus anthroposophisch eingestellten Elternhäusern sehen sich dann nur 17 % der befragten Ehemaligen selbst als «anthroposophisch orientiert» an. Mit anderen Worten: die Schule erzeugt einen «weltanschaulichen Verlust» von 5 % oder anders gewendet: es erweist sich die Selbständigkeit der Schüler im Hinblick auf die durch das Elternhaus erfahrenen Anschauungen. 10 % der männlichen und 11 % der weiblichen Befragten ordnen sich der Christengemeinschaft zu, 8 % der Befragten bezeichnen sich als Anthroposophen, wovon 2 % gleichzeitig zum Zeitpunkt der Befragung als Waldorflehrer arbeiten. 1 % der Antwortenden gibt an, an einer Waldorfschule zu unterrichten, ohne Anthroposoph zu sein.[30] Dabei nimmt die anthroposophische Orientierung ab, wenn die Schulzeit kürzer war (bei voller Schulzeit von 1–12 Jahren = 33 Prozent, bei kürzerer: 1–9 Jahren noch 17 %, allerdings gilt das nur, wenn anschließender Waldorfbesuch bei den Befragten vorlag, andernfalls verschieben sich die Werte nochmals nach unten.)

Die Zugehörigkeit der Eltern zu den Religionsbekenntnissen sah folgendermaßen aus, sie weicht stark von dem Bevölkerungsdurchschnitt ab:

Religionszugehörigkeit der Eltern – in Prozent –

Religionszugehörigkeit	Vater (n = 1460)	Mutter (n = 1460)
Evangelisch	61	63
Römisch-katholisch	11	12
Christengemeinschaft	9	13
Sonstige	2	2
Keine	14	10
K. A.	3	1

Der Anteil der Väter (9 Prozent) und Mütter (13 Prozent), welche der Christengemeinschaft angehören, ist weit höher, als es dem Anteil dieser Religionsgemeinschaft in der Gesamtbevölkerung entspräche. Ebenso überrepräsentiert sind die Mitglieder der evangelischen Kirche und die Eltern, die keiner Glaubensgemeinschaft angehören; die Katholiken hingegen sind deutlich unterrepräsentiert.

Die anderen Institutionen, deren Mitglieder prädestiniert sein dürften, ihre Kinder auf eine Waldorfschule zu schicken, sind anthroposophische Vereinigungen und, fast definitionsgemäß, die Waldorfschule selbst: 12 Prozent der Befragten haben einen anthroposophischen Vater, 14 Prozent eine anthroposophische Mutter. An einer Waldorfschule unterrichtet haben 3 Prozent der Väter und 1 Prozent der Mütter der befragten ehemaligen Waldorfschüler. Einige der Eltern, nämlich 3 Prozent der Väter und 4 Prozent der Mütter waren selbst Waldorfschüler.

Auffällig ist die Unterrepräsentanz von Kindern aus katholischen Elternhäusern. Dies hängt wohl einerseits damit zusammen, daß die katholische Kirche selbst Schulen in freier Trägerschaft betreibt, und zwar 1012 Schulen mit fast 200.000 Schülern, also unvergleichbar viel verbreiteter ist als etwa die Waldorfschulen.[31]

Andererseits aber drückt sich darin auch aus, daß durchaus Vorbehalte innerhalb der Kirchen gegen die Anthroposophie bestehen, die teilweise latent, teilweise auch verbal zum Ausdruck kommen. Sie beziehen sich vor allem, wenn sie thematisiert werden, auf die anthroposophische Auffassung von der Wiederverkörperung des Geistes und auf den Schicksalsbegriff, d. h. den «Karma-Gedanken», wodurch die Gnade und das sakramentale Wirken beeinträchtigt

Religions-unterricht	Religionszugehörigkeit des Vaters				Religionszugehörigkeit der Mutter				Religionszugehörigkeit der Eltern*			
	Ev. (n=878)	Kath. (n=165)	Chr. (n=137)	Keiner (n=205)	Ev. (n=897)	Kath. (n=178)	Chr. (n=195)	Keiner (n=138)	Ev. (n=721)	Kath. (n=70)	Chr. (n=120)	Keiner (n=107)
Evangelisch	77	33	4	31	81	20	3	25	86	1	2	20
Katholisch	3	38	–	5	2	46	–	4	–	75	–	5
Christen-gemeinschaft	7	9	65	20	6	6	70	12	4	4	70	12
Freier christl. Religions-unterricht	10	11	29	40	9	17	27	52	8	11	28	55
Keiner	3	9	2	4	2	11	–	7	2	9	–	8

Chi_2=821,8 df=12 p<.01				Chi_2=1349,3 df=12 p<.01			Chi_2=1358,8 df=12 p<.01

* Nur konfessionell nicht gemischte Ehen sind berücksichtigt.

scheinen. Seinen Ausdruck findet das im Vorwurf einer «metarationalen Auffassung», die der Anthroposophie – offenbar anders als der Theologie! – eigne und die letztlich die Glaubenssubstanz gefährden könne. Daß es dennoch Kinder aus Elternhäusern der großen konfessionellen Gemeinschaften in solch großem Umfang an den Waldorfschulen gibt, deutet aber eher auf eine starke Differenzierung der Einstellungen innerhalb dieser Gemeinschaften hin.

Die Rudolf-Steiner-Schulen überlassen ihrer eigenen Überzeugung entsprechend den Bekenntnisgemeinschaften den Religionsunterricht: nur für Dissidenten bietet die Schule, die selbst eine religiöse Unterweisung der Kinder für wünschenswert und pädagogisch notwendig hält, einen Freien Christlichen Religionsunterricht an; der Besuch wird von den Eltern, nach der Religionsmündigkeit auch durch den Schüler selbst festgelegt.

In diesem Zusammenhang wurde festgestellt: «Bezüglich der Affinität der Eltern zur Waldorfschule haben all jene, die aus anthroposophisch orientiertem Elternhaus kommen, im Vergleich zu den anderen eine erfolgreichere Schullauffbahn abgeschlossen.»[32] Womit wieder einmal festgestellt wird, daß Schule der eine, Elternhaus ein anderer und soziale Umwelt ein weiterer die Erziehung beeinflussende Faktoren sind. Wirken sie gemeinsam in ähnlicher Richtung, so hilft das dem Kind – auch im *abstrakt* gefaßten Erfolg.

Heutige Religions-zugehörigkeit	Religionszugehörigkeit					
	Ev. (n=811)	Kath. (n=101)	Chr.gem. (n=214)	Fr.chr. (n=240)	Keiner (n=50)	insges. (n=1416)
Evangelisch	82	4	16	27	18	54
Katholisch	1	78	3	6	38	9
Christengem.	1	–	49	17	2	10
Keine	16	18	32	50	42	27

$$Chi^2 = 1410,7 \qquad df = 12 \qquad p < .01$$

Heutige Religionszugehörigkeit nach dem in der Waldorfschule besuchten Religionsunterricht – in Prozent –

Anmerkungen

1 Vgl. Grimmsches Wörterbuch, ferner S. Leber: Zur Problematik des Begriffs Weltanschauung, in: Die Drei 1968/2, S. 77–91.
2 Artemis Goethe-Ausgabe ‹AGA›, 17, S. 13.
3 AGA 17, S. 101.
4 Vgl. R. Steiner: Grundlinien einer Erkenntnistheorie der Goetheschen Weltanschauung, GA 2, Dornach [7]1979.
5 Vgl. S. Leber: Zur Geschichte des Ideologiegedankens und zum Ideologiebegriff, in: Goetheanum Nr. 12 und 18, 1967.
6 K. Mannheim: Ideologie und Utopie, Frankfurt/M. [3]1952.
7 T. S. Kuhn: Die Struktur wissenschaftlicher Revolutionen, Frankfurt [2]1976.
8 K. R. Popper: Objektive Erkenntnis, Hamburg 1973.
9 J. Habermas: Technik und Wissenschaft als Ideologie, Frankfurt 1975.
10 H. Spinner: Begründung, Kritik und Rationalität, Braunschweig 1977.
11 P. Feyerabend: Wider den Methodenzwang. Skizze einer anarchistischen Erkenntnistheorie, Frankfurt/M. 1976. Ders.: Probleme des Empirismus. Schriften zur Theorie der Erklärung der Quantentheorie und Wissenschaftsgeschichte, Braunschweig-Wiesbaden 1981.
12 Summa c. gent. IV 1.
13 Kritik der reinen Vernunft: «Ich mußte also das Wissen aufheben, um zum Glauben Platz zu bekommen. . .» (Vorrede zur 2. Auflage 1787). Werkausgabe Bd. III, Frankfurt 1968, S. 33.

14 Steiner: Briefe II, Dornach 1953, S. 127.

15 In: Gesammelte Aufsätze zur Kultur- und Zeitgeschichte 1887–1901, GA 31, Dornach 1966, S. 179.

16 So Steiner an den Philosophen Eduard v. Hartmann, Briefe II, a. a. O., S. 170.

17 R. Steiner: Rätsel der Philosophie, Bd. II, GA 18, Dornach [8]1968, S. 599.

18 R. Steiner: Theosophie, GA 9, Dornach [30]1978, S. 51 f.

19 Vgl. Herbert Witzenmann: Die Voraussetzungslosigkeit der Anthroposophie, Stuttgart [2]1986.

20 R. Steiner: Goethes Weltanschauung, GA 6, Dornach [5]1963, S. 66.

21 R. Steiner: Theosophie, GA 9, a. a. O., S. 44.

22 R. Steiner, in: Gesammelte Aufsätze zur Kultur- und Zeitgeschichte 1887–1901, GA 31, a. a. O., S. 233 f.

23 R. Steiner: Freie Schule und Dreigliederung, in: Aufsätze über die Dreigliederung des sozialen Organismus und zur Zeitlage 1915–1921, GA 24, Dornach [2]1982.

24 R. Steiner: Ansprachen für Kinder, Eltern und Lehrer 1919–1924, GA 298, Stuttgart 1958, S. 64.

25 Ulrich Buck: Der anthropologische Schock, in: Merkur, Nr. 450, S. 653.

26 Vgl. R. Steiner: Erziehungskunst – Seminarbesprechungen und Lehrplanvorträge, GA 295, Stuttgart 1959, S. 122.

27 Das folgende Beispiel stammt von Ernst Michael Kranich: Das Bild in der Naturkunde II – Die zweite Stufe: die Pflanzenarten als lebendig-stoffliche Bilder von Seelenregungen, in: Erziehungskunst, 1970, Heft 5.

28 Vgl. R. Steiner: Theosophie, a. a. O., S. 96 ff.

29 R. Steiner: Erziehungskunst – Seminarbesprechungen und Lehrplanvorträge, a. a. O., S. 118.

30 Entnommen dem Bericht C. von Prümmer, U. Hofmann, D. Weidner: Bildungslebensläufe ehemaliger Waldorfschüler, S. 218.

31 Freie Schule, Stuttgart 1971, S. 123. Ähnliches gilt für die evangelischen Schulen in freier Trägerschaft mit 350 Schulen und 85.000 Schülern, ebd., S. 87.

32 Bildungslebensläufe . . ., a. a. O., S. 124.

HELMUT VON KÜGELGEN

Zum Religionsunterricht an den Freien Waldorfschulen

Grundsätzliches

Für Rudolf Steiner waren stets zwei Grundprinzipien maßgebend – sie gelten auch für die Waldorflehrerschaft –, wenn er für die Erziehung Ratschläge erteilte: einerseits die menschenkundlich faßbaren Entwicklungsgesetze des Kindes im allgemeinen und andererseits die ganz konkret-individuelle, familiäre soziale Lebensumwelt des Kindes, seine Herkunft, seine individuelle Begabung, seine Anlagen. Aus dem Blick auf die allgemeine Gesetzmäßigkeit der menschlichen Entwicklung konnte Steiner vor Begründung der Waldorfschule einmal davon sprechen, daß es notwendig sei, in jedem Unterricht die Elemente des Wissenschaftlich-Erkenntnismäßigen und des Künstlerischen wie des Religiösen sich so durchdringen zu lassen, daß schon damit der Entwicklung auch der religiösen Kräfte Genüge getan sei, denn die Kräfte der menschlichen Seele – Denken, Fühlen und Wollen – benötigen sowohl untereinander ein Gleichgewicht als auch eine entsprechende Anregung, die aus den großen Bereichen des Geisteslebens, der Wissenschaft, Kunst und Religion, kommen. Um wirklich das Menschsein auf jeder Stufe des heranwachsenden Kindes entfalten zu können, bedarf es auch der entsprechenden seelischen Anregung aus den drei großen Bereichen des geistig-kulturellen Lebens der Gesellschaft, eben der wissenschaftlichen Tätigkeit, der künstlerischen Übung und des religiösen Vollzuges. Jede einseitige Entfaltung etwa nur intellektueller Kräfte führt zur schnellen und unaufhaltsamen Verarmung der moralischen Fähigkeiten; unzulänglich angeregte Empfindungskräfte münden in rein mechanisch ablaufende Handlungsvollzüge ein, sei dies nun in der industriellen Produktion oder in der reinen Ausführung unreflektierter Befehle – die «Banalität des Bösen» (H. Ahrendt) – stellt sich als Konsequenz ungleich gepflegter Seelenbetätigung von allein ein. Aber auch das

Kulturleben der Gesellschaft gerät aus den Fugen, wenn, wie immer häufiger zu sehen, Kunst oder Religion lediglich nachträglich als Zierde und Ergänzung gebraucht werden, aber in Wahrheit kein existentielles Bedürfnis nach ihnen besteht. Darum war also Steiners Anliegen von Anfang an, daß die Dreiheit der Elemente von Kunst, Wissenschaft und Religion in jeder Unterrichtsstunde anwesend sein müßte – und daß dies auch zur Entwicklung des religiösen Lebens ausreiche.

Doch von dieser mit Blick auf das Allgemeine nur anfänglich und vorübergehend vertretenen Auffassung rückte Steiner sehr rasch ab, nämlich dann, als es mit den eintreffenden Anmeldungen für die zu eröffnende Schule die individuelle Gegebenheit, den Lebensumkreis der angemeldeten Kinder, ihr persönliches Schicksal zu berücksichtigen galt. Der Schluß, der aus diesen aus der Wahrnehmung gewonnenen Tatsachen gezogen wurde, war, daß es notwendig ist, Religion auch als eigenes Fach einzurichten. Die Kinder, die angemeldet wurden, stammten einerseits aus evangelischen oder katholischen Elternhäusern und hatten zum Teil eine stark religiös-konfessionell geprägte Kindheit durchlebt; andere wiederum wuchsen in unbekümmerter Beziehungslosigkeit zu nur noch nominell festgehaltenen religiösen Traditionen auf oder – und das waren gerade die Kinder von Arbeitern der Waldorf-Astoria-Zigarettenfabrik – wuchsen in einem Milieu auf, das durch Dissidententum und Atheismus geprägt war. Diesen Kindern war auf religiösem Gebiet nichts an Inhalten vermittelt worden. So ergab sich einerseits die innere Verpflichtung und Aufgabe, das weiterzuführen und in der Schule zu pflegen, was die Kinder durch ihre Elternhäuser auf religiös-weltanschaulichem Gebiet schon mitbekommen hatten und was als intimster Bereich in Form der religiösen, konfessionellen Unterweisung seiner Fortführung bedurfte. Dieses Anliegen gilt wie damals so heute. Für diejenigen, die schon mit Schuleintritt jeglicher Religiosität entfremdet waren, bestand allerdings eine andere Aufgabe und Notwendigkeit: auch ihnen war die Pflege des Religiösen in einem Fach anzubieten. Dieser Unterricht ist aus rein pädagogischen Gründen zu erteilen, weil der Mensch sonst nicht in der Harmonie seiner seelischen Veranlagung gefördert wird. Diese innere Überzeugung, daß jeder Mensch zu seinem vollumfänglichen Menschsein der Berührung mit dem Religiösen bedarf, führte auf Seiten der Schule zur Einrichtung eines freien christlichen Religionsunterrichts für die konfessionslosen Kinder. Gäbe es eine durchgängige konfessionell-religiöse Bindung der Kinder, wäre dieser Unterricht überflüssig. Er erfüllt subsidiär seine Aufgabe seelischer Bildung. Denn derjenige, der während der Kindheit mit Religion nicht in Berührung und Beziehung kam, kann ihr gegenüber auch zu keinem freien Verständnis kommen, weil er über keine Erfahrung verfügt. Vielmehr müßte er die Religion vom Standpunkt des Areligösen aus beurteilen. Das bedeutet aber ein Defizit ähnlich demjenigen, das daraus entspringt, daß man sich sagt: das eigene Kind wird nur sachlich, ohne Liebe behandelt, damit es sich dann als Volljähriger für oder gegen Liebe entscheiden könne. Dieses Konstrukt wurde zwar bisher nie vertreten, wohl aber die gegenteilige Theorie der «non-frustration children», wonach Kindern grundsätzlich nichts versagt werden solle. Die Folgen waren hochneurotische Kinder.

Im Rückblick auf die ersten drei Jahre der Entwicklung der Waldorfschule beantwortet Rudolf Steiner 1923 die Frage nach dem Religionsunterricht folgendermaßen: «Das Charakteristische der Waldorfschule soll sein, alle Fragen vom Gesichtspunkte der Pädagogik aus zu betrachten, also auch den Religionsunterricht. Nun wird aber gerade Herr Pfarrer X. zugeben, daß die beiden angeführten Richtungen: die Frage der Ersetzung des Religionsunterrichts durch moralischen Unterricht und die konfessionelle Schule, daß die von ganz anderen Gesichtspunkten aus aufgeworfen werden. Vor allen Dingen die Ersetzung des Religionsunterrichtes durch den Moralunterricht wird von denjenigen Menschen aufgeworfen, welche überhaupt in der Zivilisation die Religion beseitigen wollen, welche die Religion als etwas mehr überflüssig Gewordenes halten. Die wollen natürlich keine Religion, sondern Moralunterricht. Auf der anderen Seite geht natürlich aus dem Hinneigen zu den dogmatischen Konfessionen die Sehnsucht hervor, die Schule konfessionell zu gestalten. Das sind aber keine pädagogischen Gesichtspunkte. Aber damit man auch etwas Präzises verbindet mit dem, was da Pädagogik genannt werden muß, möchte ich sagen: Was ist denn eigentlich der pädagogische Gesichtspunkt? Der pädagogische Gesichtspunkt kann nur der sein, vorauszusetzen, daß der Mensch, wie es ja selbstverständlich ist, zunächst in seinem kindlichen oder jugendlichen Lebensalter nicht ein ganzer Mensch ist, sondern erst einer werden muß; daß man erst

Mensch wird im Verlauf des Lebens. Man muß also alle menschlichen Anlagen zur Ausbildung bringen. Das ist zuletzt die abstrakteste Form des pädagogischen Gesichtspunktes.»[1]

Dieser Darstellung Steiners vorangehend, war in einem Vortrag zuvor ausführlich entwickelt worden, wie jedes Kind in der nachahmenden Hingabe seine Gotteskindschaft offenbart, sich seiner Umgebung gegenüber bis in die leiblichen Bedürfnisse hinein so verhält, als wäre die Welt gut, als fände es in ihr den Himmel wieder. Darauf bezieht sich die Fragenbeantwortung: «Wenn nun jemand vom pädagogischen Standpunkte aus spricht und sagt, aus der Menschenerkenntnis, die zugrunde liegt (unserer) Pädagogik, daß das Kind überhaupt schon religiös eingestellt zur Welt kommt, daß es in den ersten sieben Lebensjahren sogar seine Leiblichkeit religiös eingestellt hat, dann muß es einem vorkommen, daß, wenn man den Religionsunterricht ersetzen will durch Moralunterricht, wie wenn man ein physisches Glied des Menschen, ein Bein, nicht ausbilden wollte, weil man zu der Ansicht übergehen würde: der Mensch braucht alles, aber nicht die Beine ausbilden. Das weglassen zu wollen, was zum Menschen gehört, das kann entspringen einem Fanatismus, aber niemals einer Pädagogik. Insofern hier überall pädagogische Grundsätze verfochten werden, pädagogische Impulse ins Auge gefaßt werden, folgt die Notwendigkeit des Religionsunterrichtes durchaus vom pädagogischen Gesichtspunkte. Daher haben wir, wie ich schon sagte, für diejenigen Kinder, die sonst konfessionslos wären, also keinen Religionsunterricht hätten nach dem Württembergischen Schulgesetz, den freien Religionsunterricht eingerichtet. Dadurch haben wir gar keine Kinder in der Waldorfschule ohne Religionsunterricht; denn in den freien Religionsunterricht kommen diese alle. Wir haben dadurch die Möglichkeit, gerade wiederum das religiöse Leben in die Schule zurückzuführen. Das wird vielleicht die beste religiöse Erneuerung sein, wenn man davon spricht, das religiöse Leben in der Schule richtig zu pflegen, wenn man es dahin bringt, dasjenige, was heute als religionslose Aufklärung wirkt, dadurch zu bekämpfen, daß man einfach appelliert an die ursprüngliche religiöse Anlage des Menschen. Ich betrachte das als eine Art von Erfolg in der Waldorfschule, daß wir die Dissidentenkinder auf diese Weise zum Religionsunterricht gebracht haben. Die katholischen und evangelischen Kinder wären ja zu ihrem Religionsunterricht gekommen, aber es war wirklich nicht so leicht, diejenige Form zu finden, die nun allen anderen Kindern wiederum Religionsunterricht zuwendet. Das ist vom pädagogischen Standpunkte aus angestrebt worden bei uns.»[1] Das damit angesprochene Prinzip ist deutlich: jedes Kind soll Religionsunterricht haben, weil es ihn zur vollmenschlichen Entwicklung benötigt. Liegt eine konfessionelle Bindung des Kindes vor, sollte dieser Unterricht durch die entsprechende Kirche oder Religionsgesellschaft, der das Kind zugehört, in der Schule gegeben werden. Die Waldorfschule ist aus der pädagogischen Einsicht von der Wichtigkeit der religiösen Unterweisung für jedes Kind offen für den Unterricht durch die Religionsgesellschaften – ganz unabhängig von bestehenden oder fehlenden gesetzlichen Regelungen der einzelnen Länder.

Einer engen konfessionellen Auffassung mag dies alles zu wenig sein, für sie kann es weder staatliche noch Waldorfschule geben, sondern nur eine durchgängige konfessionelle Bindung aller Pädagogik. Vom Ansatz der Waldorfschule, der die Selbstverwaltung der Schule und die Wahl der Schule durch die Eltern als konstitutionell für ein freies Geistesleben fordert, ist dies ein berechtigter Weg – allerdings nicht der ihre. Bei aller anerkannten und notwendigen religiös-konfessionellen Bindung liegt ihr jeder Fundamentalismus fern, wie ihr gegenseitige Akzeptanz und Respektierung religiöser Freiheit und Glaubensübung ebenso wie toleranter Umgang naheliegt. Im Kontakt mit Lehrern an Rudolf Steiner-Schulen etwa in englischsprachigen Ländern werden manche der genannten Probleme, die in Deutschland durch Reformation und Gegenreformation und schließlich durch den Augsburger Religionsfrieden (wonach der Landesherr die Konfession seiner Untertanen bestimmt) bis heute lebendig geblieben sind und noch immer mit Verbissenheit und deutscher Gründlichkeit diskutiert werden, aus anderer Tradition gar nicht verstanden. Über Aufbau, Didaktik (Unterrichtsinhalte) und Methode (die Art des Unterrichts: Gebete, Gesang, Unterrichtsmittel) bestimmen die jeweiligen Religionsgesellschaften und nicht die Schule selbst; deshalb braucht hier nichts weiter darüber ausgeführt zu werden. Anders ist dies für den Freien Religionsunterricht, über den später noch einiges gesagt werden soll.

Einige Male taucht in Ansprachen Steiners an Schüler der Waldorfschule auf, daß sie sich bewußt werden sollen dessen, «was ich nennen möchte: Der Geist der Waldorfschule! Er soll wieder zur echten Frömmigkeit ausbilden. Es ist im Grunde genommen der Geist des Christentums, der durch unsere Räume weht, der, von jedem Lehrer ausgehend, zu jedem Kinde hingeht, auch wenn etwas scheinbar von der Religion Fernstehendes gelehrt wird, wie zum Beispiel Rechnen. Hier ist es immer der Geist des Christus, der, von dem Lehrer ausgehend, in die Herzen der Kinder einziehen soll, dieser Geist, der von Liebe, von wahrer Menschenliebe durchwebt ist».[2] Oder bei einer Ansprache in der Vorweihnachtszeit: «... Wenn ihr diese drei Eigenschaften (Aufmerksamkeit, Liebe, Fleiß) ausbilden wollt, dann müßt ihr das richtige Gefühl entwickeln. Jetzt lebt ihr der Zeit entgegen, in der der Geist aus fernen Welten gekommen ist, welcher der Geist der Liebe geworden ist. Indem das Christfest herannaht, denkt daran, daß der Christus viele schöne Worte gesprochen hat.

Ein solch schönes Wort ist auch dies: ‹Ich bleibe bei euch alle Tage, bis die Erde nicht mehr sein wird.› So ist auch der Christusgeist immer bei uns. Jede Weihnacht und jede Ostern zeigt uns, wie wir hindenken wollen daran, wie der Christusgeist bei uns ist. Dieser Christusgeist ist auch der große Lehrer eurer Lehrer. Durch eure Lehrer wirkt der Christusgeist in eure Herzen hinein...»[3]

Was Rudolf Steiner in dieser Art aussprechen konnte, ist uns Waldorflehrern heute Vermächtnis, Streben und immer dringlicher gestellte Forderung einer Zeit, die unter apokalyptischen Zeichen ihre Impulse des wirtschaftlichen und politischen Lebens aus antichristlicher Gesinnung schöpft. Was also allen Unterricht durchziehen soll, entstamme einer christlichen Grundgesinnung. Dementsprechend wird der zu begründende *freie Religionsunterricht* – frei meint nicht konfessionell gebunden – sich auch dem *Christentum in seiner Substanz verpflichtet wissen.*

Der freie christliche Religionsunterricht

Der freie christliche Religionsunterricht versammelt die Kinder unterschiedlichster Herkunft, was die religiöse Erziehung im ersten Jahrsiebent anbetrifft: Wenn nicht größere Gruppen jüdischen, islamischen, buddhistischen Religionsunterricht erhalten, dem die Schule wie jedem konfessionellen Unterricht Raum und Zeit im Stundenplan zur Verfügung stellt, so kommen wohl einzelne Kinder mit Einverständnis der Eltern in den freien christlichen Religionsunterricht. Zwischen den einzelnen Elternhäusern, die ihre Kinder zum freien christlichen Unterricht schicken, finden sich die entgegengesetztesten Standpunkte. An den notwendigen Religionselternabenden, wenn man aus seinem Unterricht erzählt, kann man öfter ein tiefes Bedürfnis nach Religionsunterricht auch bei den Eltern verspüren. Nicht zuletzt sind es die großen Feste des Jahres, deren Gehalt und Bedeutung alljährlich belebt und vertieft werden will. An den Kindern darf man ja üben und erfahren, wie die Naturseite der Jahreszeiten, die seelische Fülle der Gleichnisse, Erzählungen, Legenden sie mehr und mehr öffnen für die Wunder und Taten, die im Geist und in der Wahrheit geschehen.

Vergegenwärtigen wir uns zunächst die menschenkundliche Gegebenheit für den freien Religionsunterricht. In den drei mal vier Klassen der Unter-, Mittel- und Oberstufe einer zwölfklassigen Schulzeit spiegeln sich die drei Abschnitte des Lebensalters der Erziehung von der Geburt bis zur Schulreife, von dieser bis zur Geschlechtsreife und weiter bis zur Mündigkeit. In den ersten vier Klassen der Schulanfänger muß aufgegriffen werden, was die Kindheit im ersten Lebensjahrsiebent veranlagt hat. In der Mitte der Kindheit, in den Klassen 5–8, gilt es, die Liebefähigkeit und das Weltinteresse so zu verinnerlichen, daß sie dem Auf- und Ausbruch der Pubertät standhalten. Beim Schleifen und Schärfen der Intelligenz geht es um verantwortliches Urteilsvermögen; Wahrheit, Freiheit, Selbständigkeit des jungen Menschen dürfen nicht in Fanatismus und Übersteigerung umschlagen, sollen nicht zum Verrat an allen Werten führen, sondern zur Bewußtseinsdurchdringung und Erkenntnis dessen, was in der Kindheit Glaube und Hingabe gewesen ist. Ein neuer Anstoß muß die Hingabekraft der frühen Kindheit zu der Glaubenskraft des zweiten Jahrsiebents verwandeln. Hingabe und Glaube müssen mit wieder neuem Anstoß mit dem Erkenntnis- und Wahrheitsstreben durchdrungen werden. Diese Aufgabe von Stufe zu Stufe auszuführen, ist dem gesamten Unterricht gestellt, aber dem Religionsunterricht in besonderer Weise.

In seiner ersten Skizzierung des Aufbaues des Religionsunterichts gibt Rudolf Steiner ein Schlüsselwort, an dem sich der Religionslehrer orientieren kann, wenn er Stoff und Methodik für seine Arbeit mit den Kindern finden will: Der Religionsunterricht soll nicht in Bekenntnisform gegeben, sondern vornehmlich soll das gefühlsmäßige Erleben und die entsprechende Vertiefung an religiösen Inhalten versucht werden. «Das Credo ist als solches nicht die Hauptsache, sondern dasjenige, was empfunden wird beim Credo; nicht der Glaube an den Vater-Gott, an den Sohn-Gott, an den Geist-Gott, sondern was man empfindet dem Vater, dem Sohne, dem Geist gegenüber. So daß immer in den Seelengründen waltet:

Gott nicht erkennen, ist eine Krankheit; Christus nicht erkennen ist ein Schicksal, ein Unglück; den Geist nicht erkennen, ist eine Beschränktheit der Menschenseele.»[4]

Neben der alljährlichen Beschäftigung mit den christlichen Festen im Jahreskreislauf liegt gerade der Schwerpunkt des Religionsunterrichts der ersten vier Schuljahre im Vertrautmachen mit dem Vater in dem Himmel, dem Schöpfer und Erhalter aller Dinge. In phantasievoll-sinniger Weise wird von der Natur, den Steinen, Pflanzen und Tieren so zu erzählen sein – in der ersten und zweiten Klasse –, daß sich Staunen und Ehrfurcht einstellt vor allen Erscheinungen der Natur, dem Blatt und Kiesel, den Wolken, dem Blau des Himmels, den Wettern, aber auch den Schicksalen in Märchen. In Bildern lassen sich alle Geheimnisse des Lebens ansprechen: Schlafen und Wachen, Lachen und Weinen, Glück und Unglück. In der zweiten Klasse, parallel zum Erzählstoff des Klassenlehrers, kommen die Legenden und Heiligengeschichten hinzu, die Taten und Leiden, die Siege und Freuden der gottergebenen Menschen. Auch im dritten Schuljahr hat der Klassenlehrer denselben Erzählstoff wie der Religionslehrer: Geschichten aus dem Alten Testament: die Genesis, die Erzväter usf. Wurde es den Kindern zum Erlebnis gebracht, wie Schönheit und Sinn in allen Dingen, in allem Leben vom Schöpfer und Vater im Himmel sprechen, wie er und seine Boten auch im Leid und Unglück bei uns sind, wie wir ihn finden, wenn wir ihn suchen, dann weitet sich nun dieses Erleben aus: auch Völker stehen unter der göttlichen Führung, und für die ganze Menschheit gibt es eine Zeit der Erfüllung, der Entscheidung und der neuen Erwartung im Fortschreiten menschlicher Entwicklung. In der seelenbewegenden Kraft der Bilder des Alten Testaments, das drei Weltreligionen als Heilige Schrift gilt, wird es den Kindern zum Erlebnis. Es soll sie vor der «Krankheit» des Atheismus und Materialismus bewahren und die Hingabekräfte der frühen Kindheit überführen in die Glaubensstärke des zweiten großen Lebensabschnittes, des zweiten Jahrsiebents.

Nach dem 10. Lebensjahr bis in die Pubertät, d. h. in der 5. bis 8. Klasse, steht nun das zweite Schlüsselwort über allen Bestrebungen des Religionsunterrichts: Christus nicht erkennen, ist ein Schicksal, ein Unglück. In allem Unterricht weitet sich das Bewußtsein der Kinder für den Gesamtraum der Menschheit, denn es treten immer mehr Tatsachen in ihren Bewußtseinshorizont. Das Entdeckungszeitalter öffnet die Erkenntnis von der Ganzheit der Erde, gibt Kunde von allen Kulturen, den mannigfaltigen Sprachen, Bildern und Gedanken, in denen die Völker ihre Beziehung zur Tatsache der göttlichen Heimat des Menschengeschlechts ausgesprochen haben. Der Anbruch des naturwissenschaftlich-technischen Zeitalters der Neuzeit erschließt Kenntnisse vom Stoff der Erde. Aber so überzeugend das kopernikanische Weltbild den Widerstand der Kirchen bricht, so überzeugend muß die geistige Tatsache im Herzen der Kinder bewahrt werden, daß Christus, der göttliche Sohn, für die ganze Menschheit auf die Erde gekommen ist. Aus dem Evangelium, an das die Kinder nun heranzuführen sind, gilt es, sie nach- und miterleben zu lassen, daß durch die Weihenacht und das Ostergeschehen der Überwindung des Todes und die Himmelfahrt sein Wort Erden-Heils-Tatsache geworden ist: Ich bin bei Euch alle Tage bis an das Ende der Zeit. Diese Wirklichkeit kann erlebt werden, wenn zwei oder drei in seinem Namen beisammen sind oder wenn aus Vergangenheit und unmittelbarer Gegenwart deren Schicksale mehr und mehr hereingeholt werden in den Religionsunterricht, wenn erlebbar wird: das Göttliche offenbart sich nicht nur durch Weisheit und Allmacht des Vaters allein, sondern auch durch die Liebe. Goethe hat einmal das Wort von «Liebe, die nicht besitzen will, sondern bildet», gesprochen. In unserer Zeit den in die Pubertät eintretenden Kindern diesen Begriff von Liebe, ihrer bildenden Geistesmacht, ihrer Opferkraft zu vermitteln, ist gewiß nicht einfach. Daß wir nur das *eine* Wort *Liebe* haben – wo es im Griechischen drei gab –, um Sexualität, Erotik und geistige Liebe zu unterscheiden, damit diese im Leben wieder in der rechten sich durchdringenden Einheit verwirklicht werden können, muß jetzt auch gedankenkräftig, Ideale bildend ausgesprochen werden im Zusammenhang mit der Christus-Botschaft des Evangeliums, den Zeitfragen der Gegenwart und nicht zuletzt mit den konkreten Problemen, die die vor einem sitzenden Kinder bewegen.

Mit einer zart einfühlenden Behutsamkeit benennt Rudolf Steiner, was in diesem zweiten Abschnitt der Kindheit das Ziel des Religionsunterrichts sein sollte: das persönliche Verhältnis der Kinderseele zum Christus zu behüten. – Dazu ist die Wahrnehmung im Gespräch, aber für manche unaussprechliche Frage auch die Kenntnis von dem notwendig, was durch den anderen Unterricht, durch die Zeitereignisse und durch die Vertiefung in das Evangelium in den Seelen der Kinder dieser Klassen- und Altersstufe vorgeht. Das liegt in der Freiheit des christlichen Religionsunterrichts, wohl einen Aufbau zu einem gesteckten Ziel, aber kein aus der Abstraktion vorgeschriebenes Curriculum zu haben.

Die Christustat auf Golgatha ist der Menschheitsgeschichte als Tatsache eingeschrieben, wie immer und wer immer das schon in sein Erkennen und Verständnis aufgenommen hat oder nicht. Es mag aus dem Ausgeführten deutlich werden, daß dieses Hinführen zum persönlichen Verhältnis einerseits, aber auch zur menschheitlichen Zukunftsweite des Christentums auf der anderen Seite den Kindern offenläßt, welcher Kirche oder religiösen Gemeinschaft sie sich anschließen oder in welcher sie verbleiben wollen als reif werdende Menschen. Im pädagogischen Auftrag der Waldorfschule liegt keine weltanschauliche Bestimmung der Kinder, kein Griff nach Anhängerschaft, sondern die Öffnung auch für eine religiöse, christliche Lebenshaltung, die Vermeidung des Unglücks, Christus nicht kennengelernt zu haben. Dann aber, wenn die Kinder bis hierher geführt sind, beginnt langsam das Entlassen in die Freiheit der eigenen Schicksalsführung.

Auf diesem Wege liegen die vier Klassen 9 bis 12 der Oberstufe. Das Schlüsselwort trägt einen pfingstlichen Charakter: den Geist nicht erkennen, ist eine Beschränktheit der Menschenseele. Die Ausgießung des Heiligen Geistes, die Flammen der Be-geisterung, der Ermutigung, des Denken- und Aussprechen-Könnens, was sie an der Seite des Jesus Christus erlebt haben, führt die Jünger aus dem Versteck auf die Straße unter die Menschen. Gemeinden als Geistgemeinschaften, durch Haß und Verfolgung nur bestärkt in der sie erfüllenden Wahrheit, bilden sich. Paulus erlebt vor Damaskus als erster von denen, die nicht dem über die Erde Wandelnden begegnet sind, den lebendigen Christus nach der Auferstehung. Er kennt die widerstreitenden Gefühle, die Argumente der Schriftgelehrten, die Weisheit griechischer Philosophie, die äußere Ordnung des caesarischen Reiches, dessen Bürger er ist. Er spricht die Kultursprachen seiner Zeit, Griechisch und Latein. Im Hinblicken auf die jungen Menschen im 9., 10. Schuljahr könnte man sagen: er kennt den inneren Tumult, das Diskutieren mit sich selbst, das Auspendeln größter Gegensätze im eigenen Innern – und gerade er wird der Bote der Christus-Botschaft. Er trägt sie aus dem Winkel Vorderasiens in den ganzen Mittelmeerraum, nach Europa. Die Apostelgeschichte des Evangeliums, die Briefe der Apostel werden also die Weiterführung der Evangelienarbeit sein. Die Ausbreitung des Christentums in ihren Haupt- und Nebenströmungen, das Kennenlernen der Kirchenväter und deren Auseinandersetzung mit den Ketzerströmungen, die Kreuzzüge und die Begegnung mit dem Islam und der arabischen Wissenschaft, Thomas von Aquin, Glanz und Untergang der mittelalterlichen Kultur, nachdem arabisches Denken und in der Renaissance die Aneignung des Erbes der Antike durch das Christentum aufgenommen und verarbeitet wurden, sind in der Folge Inhalt des Unterrichts.

In der Dramatik unserer europäischen Geistesgeschichte stehen die jungen Menschen der Oberstufe in allen Unterrichtsfächern, so auch – das sollte mit den wenigen Stichworten angedeutet sein – im Religionsunterricht. Gelingt es, diese Dramatik lebendig zu machen, erleben die jungen Menschen sie als ihre eigene. Ihre erwachte Intelligenz muß immer bewußter in diese Dramatik eintreten, um aus ihr die persönliche Urteilsfähigkeit, Weg- und Geistsuche sich zu erringen. Das innerste Anliegen ihrer Lehrer muß es sein, daß sie nicht der größten Einseitigkeit und Beschränktheit der Menschenseele, der Weltanschauung des rein diesseits gewandten Materialismus zum Opfer fallen und allein daraus ihre Zielsetzungen gewinnen. Denn der Materialismus ist der «gewaltige Fürst unserer Zeit», und sein liebstes Argument ist: er vertrete die Wahrheit, er sei die «normale» Art zu denken, zu fühlen und zu handeln, und wer diese Beschränktheit als religiöser Mensch, als Denker auch geistoffenbarender Gedanken durchbricht, sei abartigen, irrationalen Einflüssen verfallen.

Auf allen Gebieten der Natur- und Geisteswissenschaften stehen im Lehrplan der 12. Klasse zusammenfassende, Überblick vermittelnde Unterrichtsepochen. Sie vermitteln durch die Überschau über die Entwicklung, über das Erreichte auch die noch offenen Fragen. Wo liegen Zukunftsaufgaben? Überschau: daraus Mut und Ansporn zu gewinnen, sich in die Aufgabe der Gegenwart und nächsten Zukunft mit dem eigenen Einsatz hineinzustellen, damit soll der junge Mensch ja in die Entscheidungen der Berufswahl, aber auch der Menschenwahl seines Freundeskreises, in die Wegwahl seines Vorwärtsschreitens auf geistig-weltanschaulichem Gebiet aus der Schule entlassen werden. Im Religionsunterricht wird wohl diese abschließende Unterrichtsphase einen Überblick über die Weltreligionen und die herrschenden Strömungen geben, die heute über die Erde hin Menschen- und Weltbild prägen. Dabei mag den Lehrer eine Maxime leiten: das Christentum so zu schildern, wie es in aller Tatsachen-Wahrhaftigkeit und in geistsicherer Toleranz geschildert werden kann. Das Christentum begann als Religion in die Welt zu treten, es ist aber größer als alle Religionen. Wieviel Zukunftsaufgaben stehen auch vor dem aktiven Christen in unseren von Gegensätzen und Feindschaft zerspaltenen Verhältnissen!

Eine besondere Aufgabe mag darin liegen, durch das Pfingst-Mysterium gestärkt, die Gnade des Heilandes zu erkennen, der Vereiniger zu sein, der die in der Wahrheit Strebenden in Seinem Namen zur Zusammenarbeit führt. Welche Aufgabe in friedloser, gewalttätiger, vom Egoismus des Mammon beherrschten Welt wäre dringender für alle Christen? Es ist das Bestreben des freien christlichen Religionsunterrichts, die jungen Menschen in ihrer persönlichen Hingabefähigkeit, Glaubensstärke und Urteilskraft gestärkt, in die freie Wahl ihrer Lebensgemeinschaften, in die großen und schweren Aufgaben unserer Zeit zu entlassen.

Anmerkungen

1 R. Steiner: Pädagogische Praxis vom Gesichtspunkt der Geisteswissenschaft, GA 306, Dornach 1975, S. 179 ff.
2 24.7.1920, GA 298, Dornach 1980, S. 62.
3 23.11.1920, ebd., S. 66 f.
4 6.9.1919, Konferenzen mit den Lehrern der Waldorfschule, GA 300, Bd. 1, S. 105.

WOLFGANG SCHAD

Christentum und Naturwissenschaft

Der neuzeitliche Bruch zwischen Theologie und Naturwissenschaft

Christentum und Naturwissenschaft scheinen sich nie recht vereinigt zu haben. Versuche gab es Legion dazu. Doch seit Giordano Bruno und Kopernikus, Galilei und Kepler gab es den Widerstreit zwischen den Konfessionen und unabhängiger Forschung. Kepler hatte größte Mühe, seinen Einfluß beim Kaiser geltend zu machen, um seine greise Mutter vor der Hexenverbrennung zu retten. Giordano Bruno hat man verbrannt, weil er die Grenzenlosigkeit des Sternenhimmels ausgesprochen hatte.

Ketzervernichtung gab es schon vorher, aber nicht aufgrund von Naturanschauungen. Eineinhalb Jahrtausende hatte die christliche Kultur die Naturbegegnung in ihren Bereich einbezogen, ohne sie anstößig zu empfinden.

Noch im 15. Jahrhundert hat ein Cusanus versucht, die aufziehende Naturwissenschaft in ihrem Beitrag zur christlichen Kultur anzunehmen. Wie der große Aquinate 200 Jahre vorher die Errungenschaften der bedeutendsten antiken Denker in die kirchliche Theologie einbeziehen konnte, so versuchte Cusanus das gleiche mit der erwachenden neuzeitlichen Mathematik, Astronomie und Physik. Aber mit dem Versuch einer inneren Reformation des Klerus drang er nicht durch. Beide Seiten fielen auseinander und wurden zu Parteien. Daran hat auch die protestantische Reformation nichts geändert. Weder Luther, Zwingli noch Calvin sahen die geistige Bedeutung einer Naturwissenschaft, die dem christlichen Mysterium verbunden geblieben wäre. Die Kirchen versuchten den Glauben zu retten – abseits der naturwissenschaftlichen Entwicklung, die Naturwissenschaften bekamen durch die Verweigerungen beider Konfessionen genügend Feindbilder, um sich mehr oder weniger erleichtert von jedem religiösen Bezug loszusagen. Sich geistig einigelnder Klerikalismus und der geistig allein gelassene Materialismus steigerten sich gegenseitig permanent seit 400 Jahren, ja bedingen sich bei näherem Zusehen gegenseitig: was der eine nicht bietet, holt sich die menschliche Seele jeweils von der anderen Seite. Für den klaren Kopf das eine, für die Seelentiefen das andere.

Der Fundamentalismus beider Seiten: Dogmen- oder Buchstabenglaube auf der einen Seite, das Sinnlosigkeitskonzept zufälliger Ökonomisierung des Energiehaushaltes als Naturprinzip auf der anderen Seite, steigert sich weiterhin. Es gibt ihn also offensichtlich nicht nur in den anderen Weltreligionen neuerdings verstärkt, sondern auch im Christentum, um der öden Seelenlosigkeit hochtechnologisierter Langeweile zu entgehen.

Ein aktuelles Beispiel ist der neuerlich genau nach 100 Jahren wieder frisch aufgebrochene Streit zwischen Darwinismus und Schöpfungsglauben, oder wie sie sich heute nennen: zwischen Gradualismus und Kreationismus. Seit 1979 erscheint in einem evangelischen Verlag eine Broschürenreihe «Wort und Wissen», die mit vielen kleinen Bändchen versucht, die Entwicklungslehre der neuzeitlichen Biologie abzuschaffen. Evolution wird als «theoretisch unmöglich und von keiner Tatsache gestützt» bestritten.[1] Die durchaus vorhandenen Schwachstellen überzogener neodarwinistischer und aktualistischer Interpretationen im Bereich der Paläontologie werden allerdings nicht durch eine bessere wissenschaftliche Erklärung dem Gegenwartsverständnis näher gebracht, sondern sie werden nur argumentativ benutzt, um den buchstabentreuen Schöpfungsmythos an die Stelle von Fragen, Denken und Erkennen zu setzen. Was vor zehn Jahren kaum ein Forscher gewagt hätte, ist plötzlich wieder «modern», seitdem der gerade neubelebte amerikanische Konservatismus mit geringer zeitlicher Verzögerung nach Westeuropa herüberrollt. Wir haben es in den USA seit Ende der siebziger Jahre mit einem starken Zustrom zu allen Arten von Sicherheit vermittelnden Weltanschauungen zu tun. Die zahllosen dortigen sektenhaften Splittergruppen christlicher Kirchen haben seitdem in den allgemeinbildenden Schulen die gleichwertige Vermittlung der Schöpfungslehre parallel zur neodarwinistischen Evolutionslehre verlangt und vor Gericht erzwungen, daß z. B. in Kentucky den Schülern vom Biologielehrer beide Anschauungen gleicherweise anzubieten sind. Die Empiriker beschlossen, ihre besten Waffen ins Gefecht zu werfen: die

Fundoriginale fossiler Menschen, die in einer einmaligen Ausstellung im American Museum of Natural History in New York von April bis September 1984 zu sehen waren. Die Glaubensvertreter sind seitdem – zumindest in der wissenschaftlichen Diskussion wieder auf dem Rückzug, weil sie außer ihrer berechtigten Kritik an der Zufallstheorie der Positivisten inhaltlich nichts Produktives oder Besseres vorzubringen hatten. Die Chance aber zur geistigen Aufarbeitung der vierhundertjährigen Kulturspaltung ist von beiden Seiten wieder nicht genutzt worden.

Grundlagen der Naturerkenntnis

Der geistig gesunde Ausgangsboden verständnisvoller Naturerkenntnis ist, weil sie ja niemand anderes als der Mensch macht, daß sich der einzelne Mensch selbst zuerst in den Blick nimmt. Die Qualität der Selbstaufklärung entscheidet doch letztlich allein über die Qualität der Anwendung des eigenen Denkens auf die uns umgebende Welt. Es sei dazu nur der erste anfängliche Schritt der Selbsterkenntnis behandelt. Aber schon die Qualität der ersten Stufe ist von lohnender Fruchtbarkeit. Man muß sich nur einmal klarmachen, daß im heutigen hochdifferenzierten Wissenschaftsbetrieb die verschiedenen Disziplinen sich längst nicht mehr auf ein gemeinsames Verständnis von Wissenschaft einigen können. Ein Chemiker hat ein prinzipiell anderes Verständnis von dem, was er als wissenschaftlich akzeptieren würde als ein Kunsthistoriker, ein Mathematiker ein anderes als ein Geschichtler, ein Wirtschaftswissenschaftler ein anderes als ein Theologe. Wobei doch alle eines gemeinsam haben: daß alle auf Verständnis aus sind und alle in erster Linie doch wohl Menschen sind.

Was also ist das Allgemein-Menschliche von Wissenschaftsfindung? Sicher nicht nur eine auch noch so weitgehende Ansammlung und Weitergabe von schon vorher vorhandenem Wissen. Wie wird, ist zu fragen, – gleich in welchem Gebiet – Sinnhaftigkeit gefunden? Durch Einsicht, Erkennen, Verstehen, Denken. Worauf aber beruht die gemeinte Einsichtnahme? Merkwürdigerweise legt gerade dieses Wort den Vollzug von Hineinsehen, von Wahrnehmung nahe. Selbst noch das Wort «Idee» rührt von gr. «idein», lat. «videre» = sehen und ist sprachverwandt mit dem deutschen «wissen». Aber die Etymologie regt nur das historische Bewußtsein an, nicht die eigene Selbstaufklärung. Sie beginnt mit der Entdeckung des Gegenteils. Unbefangene Wahrnehmungen, gerade wenn sie nicht von früheren Wahrnehmungen und Deutungen per Erinnerungsvorstellung abgedeckt werden können, rufen im eigenen Bewußtsein primär Verunsicherung hervor. Solange wir das Gesehene oder Gehörte nicht begreifen, solange der Begriff dazu aus eigenem Zutun nicht möglich ist, sind pure Wahrnehmungen nur Befremdliches. Alle bloße Sinneswahrnehmung erscheint uns heute als sinnleer, wesensfremd, ja auf Dauer nicht aushaltbar. Durch die Sinneswahrnehmungen allein fühlt sich der neuzeitliche Mensch ausschließlich als Fremdling in der Sinneswelt, vorausgesetzt, er kenne sie nicht schon durch seine Bildung und Gewohnheit als mehr oder weniger begriffsbesetzte, also gewohnte Umgebung. Die Weltentfremdung beginnt eben gewöhnlich selbst schon mit jener Weltzuwendung, die eine nur sinnesmäßige ist.

Als Menschen kennen wir zwei Rettungsmöglichkeiten aus dieser Befremdung. Die eine ist der Aufbau einer die Wahrnehmungen verständlich machenden Begrifflichkeit. Sie wird uns von klein auf von unseren Mitmenschen angeboten: auf jede Frage hin, die wir von Kindesbeinen an stellen, durch jeden Unterricht, den uns Schule, Berufsbildung und Weiterbildung angedeihen lassen, wird uns eine begriffliche Antwort zuteil. Aber jeder Mensch kennt auch, daß er nicht allein darauf angewiesen war, sondern sich immer wieder selbst zu helfen wußte: durch eigenes findiges Denken, durch eigene Intuitionsmöglichkeit, sich auf das Befragenswerte der Welt – und was wäre das nicht? – selbst auch sinnvolle Antworten geben zu können. Mit jedem Begriff, jeder Idee, so sie eigene Einfälle sind, ist das Erlebnis der Auflichtung der sonst dunklen Erscheinungswelt gegeben. Die bisher nur mittels unserer Sinne erfahrene Sache wird für sich selbst durchsichtiger, als es die leibliche Wahrnehmung zu geben vermag. Wir bemerken, daß es sowohl eine sinnesgebundene als auch eine «ideenfindige» Erfahrung gibt. Beide erfassen zwei Seiten derselben Weltgegebenheit. Wer die beiden Erfahrungen zu unterscheiden vermag, kann auch sagen, «daß die Erfahrung nur die Hälfte der Erfahrung ist» (Goethe, Maximen und Reflexionen). Ihr zugrunde liegt in der Welt jedoch nicht eine gespaltene Wirklichkeit; äußere

Existenz und ihr Sinngehalt sind in der Welt immer vereint. Zugrunde liegt eine Spaltung der menschlichen Auffassungsorganisation. Ihr fällt die Wirklichkeit in die der Erscheinung und der Sinnhaftigkeit zeitlich auseinander. Das ist in unserer heutigen Konstitution des Menschseins das normale, muß es aber nicht auf Dauer sein.

Es gibt ebenso Augenblicke, wo Begegnung und Verstehen zusammengehen und eins sind. Sie stellen sich nur ein, wenn wir aus dem schon vorweg Gewußten und Gedeuteten, also aus dem Einerlei des Gewohnten heraustreten. Oft ist es erst eine Reise in ein bisher unbekanntes Land, die uns deutlich verstärkt solches erleben läßt; wo man ergriffen der Einheit von Erscheinung und Wesen inne wird. Dieses «Ja-so-ist-es» liegt im ersten Auftreten noch außerhalb des begrifflich-sprachlich Wiedergebbaren, was aber keinen Abstrich an Realitätsbezug darstellt. Im Gegenteil: Für wirklich Neues muß die sprachliche Um- und Beschreibung immer erst nachträglich noch gefunden werden.

Jenes Neue, in der gesteigerten und dann transparent erlebten Sinneswahrnehmung selbst schon ihren immanenten Sinngehalt erfaßt zu haben, braucht nicht erst als Ausnahme in unbekannten, fremden Ländern, sondern kann am schlichten Grashalm neben dem eigenen Hauseingang erfahren werden. Erschüttert wird das lebendige Sprießen bemerkt, das gegen das Gesetz der Schwere dem Licht entgegenzuwachsen vermag und das die geformte Gestalt, bei aller strömenden Beweglichkeit in den einzelnen Anteilen, doch, wenn auch wandelbar, aufrechterhalten kann. In einem solchen Moment spricht sich die Erfahrung nicht mehr dunkel, sondern, durch sich selbst aufgehellt, wortlos aus.

Dieses Einswerden von Sinneswahrnehmung und Wesensberührung gelingt uns heute am ehesten in der mitmenschlichen Begegnung. Worauf der Blick aber heute eigens zu lenken ist, sind die Umstände, daß eine ähnliche Qualität der außermenschlichen Begegnung viel schwerer abzugewinnen ist. Dort am leichtesten wohl noch in der Kunst, ist sie doch als echte Kunst immer vom Versuch eines konkreten Menschen gekennzeichnet. Gerade die Großen in der Kunst erkennt man daran, daß sie ihre Inspiration auch nur als einen Versuch gelten lassen wollten und sie sich nie zufrieden gaben, und dem kann der Beschauer selbst entsprechen.

Wie aber ergeht es uns mit Technik und Natur? Jene ist die vom Menschen angewandte und damit sichtbar gemachte Naturgesetzlichkeit. Häuser halten, weil sie auf Statik gegenüber der Gravitation gebaut sind, Autokarosserien sind dienlich in ihrer aerodynamischen Windschnittigkeit gebaut, Brückenbögen oder Brücken-Hängeseile führen Parabelgesetze vor. Hier hat die wissenschaftlich gefundene Begrifflichkeit das sinnliche Material in die vorgegebene Form gezwungen. Ist dem so in der vom Menschen unberührten Natur? Ist sie eine Künstlerin oder Technikerin? Die phänomenal erscheinende Qualität ist noch eine andere. Wer sich einmal allein längere Zeit, vielleicht nicht nur Stunden, sondern einen Tag, Tage oder gar Wochen unberührter Natur ausgesetzt hat und dann wieder Menschenwerk oder leibhaftigen Menschen begegnet ist, erlebte elementar den gewaltigen Erlebnissprung: In jedem Menschen begegnet uns etwas wie tiefe Heimatlichkeit. Die Natur bietet uns zumeist viel mehr Fremdartiges, ja zahllosen Menschen solch ein Ausmaß an Befremdlichkeit, daß sie, um der Empfindung, sich ihrer erwehren zu müssen, nachzukommen, die Kulturtätigkeit gegen sie einsetzten. Den Wald zu roden, wurde der Beginn dieser Art von Kultur. Und bei näherem Hinsehen ist die auf technische Anwendung ausgerichtete Naturwissenschaft inhaltlich letztlich gar nichts anderes. Nicht erkennende Zuwendung zur Natur um ihrer selbst willen wird intendiert – das bleibt heute allein die etwaige Privatmotivation des einzelnen Naturwissenschaftlers –, sondern eine permanente, schon im denkenden Bewußtsein sich vollziehende «Rodung», um an die Stelle gewachsener Natur die gemachte Natur, die Technik zu setzen. Jede Selbstbeobachtung ergibt hierin nichts anderes als eine gegen die nicht ausgehaltene Sinneswahrnehmung gerichtete, psychologisch militarisierte Strategie, die als prinzipiell fremd erlebte Natur aushaltbar zu machen.

Hat man diesen innerseelischen Zusammenhang in sich und seinen Mitmenschen einmal bewußtseinsmäßig aufgedeckt, so wird immanent ebenso deutlich, daß darin der existentielle Zusammenhang zwischen solcher objektivierender Naturwissenschaft und der heutigen Umweltkatastrophe besteht. Die vollständige Gefährdung der gesam-

ten Biosphäre der Erde ist die nur physisch gewordene Folge der
«geistigen Rodung», die die positivistischen Naturwissenschaften er-
kenntnistheoretisch schon vorher als Konzept eingeführt haben:
nämlich nur zu beschreiben, was die Sinnesbeobachtung durch quan-
tifizierende und dann messende, also die Ganzheit trennende Analyse
an mathematischer Berechenbarkeit unter vorherigem Ausschluß jeder immanenten Geistigkeit ergibt: Eine Pflanze ist dann nur eine
chemische Maschine mit Photonen-Absorptionseinrichtungen und
einem Schauapparat zur visuellen Reizung von Insekten, um per
Bestäubung die Überlebenschance durch Anreicherung genetischer
Vielfalt zu begünstigen usf. Ein Tier ist nichts viel anderes; ob es
außerdem eine seelische Dimension hat, steht nicht zur Debatte,
sondern gehört zum Privatglauben; genügt es doch, es als Reiz-
Reaktions-Mechanismus zu interpretieren. Da der Mensch bei sy-
stemimmanenter Elimination anderer Fähigkeiten auch nicht mehr als
eine fast haarlose Primatengattung unter anderen ist, besteht Wissenschaft sich selbst produzierend auch nur noch aus vorgegebenen
Anreizen, um durch Adaptation an Prüfungsvorgaben in Schule,
Hochschule und Forschung diejenigen Reaktionen als Wissenschafts-
ergebnisse zu erbringen, die ihm wissenschaftstheoretisch allein zuge-
standen werden. Das ist der lebenslose, seelenlose und geistleere
Materialismus im wörtlichen Sinne, der die Naturwissenschaften heute landläufig ausmacht. Nur was den Erhaltungssätzen von Masse
und Energie unterliegt, kann noch Gegenstand dieser Naturforschung sein. Die Erzeugung zahlloser Pflanzenkrankheiten durch
ungewollte Resistenzzüchtung von Viren, die gnadenlos qualvolle
Massentierhaltung und der Sozialdarwinismus betonkalter Zivilisation sind die logischen Ergebnisse davon.

Interessant ist nun, daß im fortgeschrittenen Alter eine Reihe be-
deutender Vertreter dieser landläufigen Art von Wissenschaft ihr
gegenüber durchgängig bedenklich geworden sind. Von Max Planck,
Niels Bohr und Max von Laue bis Werner Heisenberg, Karl Friedrich
von Weizsäcker und Konrad Lorenz haben sie um oder bald nach
ihrer Emeritierung das Ungenügen des positivistischen Wissen-
schaftsansatzes und die Notwendigkeit seiner Erweiterung herausge-
stellt. Als Heisenberg vor zwanzig Jahren in Weimar in seiner Rede
über Goethes Naturwissenschaft anerkennend schloß: «Hoffen wir,
daß dies der Zukunft besser gelingt, als es unserer Zeit, als es meiner

Generation gelungen ist»[2], haben diese Werte auf die weitere Entwicklung der Physik – im Gegensatz zu seiner Formulierung der Quantenmechanik 1925 in einer stillen Nacht auf Helgoland – keinen Einfluß genommen. Nicht anders ist es mit der Wirkung Erich Fromms auf die Naturwissenschaften.[3] Er beschrieb zuletzt zwar treffend die psychologische Fehlentwicklung des «modernen» Menschen zu Autismus und Nekrophilie: zur bewußtseinsmäßigen Weltentfremdung und Einkapselung und zum zwanghaften Hang, alles apparativ zu erklären und nennt als den Repräsentanten der gegenteiligen Haltung Goethe als den «großen Biophilen». Aber die Anwendung eben auf die reduktionistische Physiologie in der heutigen Biologie sah auch er nicht.

Goethes Haltung zur Natur

Es ist heute inopportun, als eine der Hilfen zu jener Überwindung der bezeichneten Spaltung in Sehen und Erkennen, in Glauben und Wissen, in Religion und Wissenschaft, in Subjekt und Objekt Goethes Welthaltung zu nennen. Von keinem bedeutenden Menschen wissen wir von Tag zu Tag über große Strecken seines Lebens mehr als von ihm[4], aber kaum einer ist bei aller philologischer, theologischer und wissenschaftsgeschichtlicher Akribie in weitestem Ausmaße so unbekannt geblieben wie er. Schon zu seinen Lebzeiten fühlte er den Verständnisabstand zu den ihn nur euphorisch oder abfällig Mißverstehenden. Er hat sich wohl auch zu wenig polemisch mit seiner Umwelt auseinandergesetzt. Auf Schillers Aufforderung gestand er selbstironisch: «Der Fehler, den Sie mit Recht bemerken, kommt aus meiner innersten Natur, aus einem gewissen realistischen Tic, durch den ich meine Existenz, meine Handlungen meine Schriften den Menschen aus den Augen zu rücken behaglich finde.»[5]

Das Thema verlangt, daß auf eine Seite Goethes aufmerksam gemacht wird, die sein eigentümliches Verhältnis zur Sinneswahrnehmung im speziellen betrifft. Sie ist bei ihm schon von Kindesbeinen eine besondere und erfährt darüber hinaus eine biographische Entwicklung. Der Beginn von Goethes eingehenden Naturinteressen liegt in Erlebnissen des schon Achtundzwanzigjährigen auf der ersten Harzreise. Unter der Erde in einem Bergwerk in akute Todesgefahr geraten, zwei Tage später als erster Mensch im Winter auf dem beschneiten und besonnten Gipfel des höchsten Harzberges stehend, löst sich der Naturforscher in ihm frei. Der Abstieg in der feenhaften Abendbeleuchtung legt den Keim für die spätere Farbenlehre. In der Tropfsteinhöhle bei Rübeland brachte er kurz vorher fast zwei Tage zu. Die wenigen überkommenen Notizen deuten an, warum so lange. Abgeschnitten von der Oberwelt voller bekannter Gegenständlichkeit, hat er damit zu tun, eben jene gegenstandsgebundenen Vorstellungsvergleiche sich abzugewöhnen, in den Kalkgebilden hier eine Burg, dort einen Baumkuchen oder da einen Eisbären zu «sehen». Erst nachdem er diese automatischen Reminiszenzen an die Tageswelt los geworden war, kam es zur Naturbegegnung: «Schwarze Marmormassen aufgelöst, zu weißen kristallinischen Säulen und Flächen wiederhergestellt, deuteten mir auf das fortwebende Leben der Natur. Freilich verschwanden vor dem ruhigen Blick alle die Wunderbilder, die sich eine düster wirkende Einbildungskraft so gern aus formlosen Gedanken erschaffen mag; dafür blieb aber auch das Eigene, Wahre desto reiner zurück, und ich fühlte mich dadurch gar schön bereichert.»[6]

Hier lohnt es, das wie im Nebenbei nur verborgen Angedeutete aufzuspüren. Es ist «der ruhige Blick», der sich nicht von «Wunderbildern» der Einbildungskraft ablenken läßt, denn sie wirken nur «düster», verdüstern die Hingabe an die Erscheinungen. Das «Eigene, Wahre» ist das dem Naturgebilde ebenso wie ihm Eigene, es bleibt im Betrachter desto reiner zurück, je mehr er seine Assoziationen wegläßt. Erst dadurch fühlt er sich «bereichert». Und was war es denn, was ihn da bereicherte? Schwarzes Gestein durch die natürliche Auflösung nicht nur zur Bewegung verflüssigt, sondern dann zu weiß geläuterter kristalliner und doch wie fließender Ordnung wiederhergestellt, wird ihm zum ergreifenden Vorbild des eigensten innerseelischen Anliegens zur Selbsterziehung: das vorgegebene harte Schwarze durch Auflösung gereinigt neu zu schaffen. «Was hieße wohl die Natur ergründen? Gott ebenso außen als innen zu finden.»

Goethe ist hier realiter der umgekehrte Plato. Beschreibt dieser die Ideenwelt als den im Inneren der denkenden Seele aufzusuchenden Geistgehalt, so empfindet Goethe, daß ihm der Geistgehalt in der recht vollzogenen Sinneswahrnehmung jetzt von außen entgegentritt.

Und er weiß um das kulturhistorische Ausmaß seines Vermögens, wenn er zur Farbenlehre anmerkt:

> Im eigenen Auge schaue mit Lust,
> Was Plato von Anbeginn gewußt;
> Denn das ist der Natur Gehalt,
> Daß außen gilt, was innen galt.

Der Natur Gehalt ist ihm nicht direkt ein Gleiches, aber sehr wohl doch ein der sittlichen Welt Ähnliches. Die Farben erfährt er monistisch in sinnlich-sittlicher Wirkung. Auf den Bindestrich kommt es dann jedem an, der den Dualismus aufzulösen beginnt. Was geschieht aber damit? Echte Naturwissenschaft ist im Sinne Goethes nicht von der Religiosität zu trennen. Spüren wir ihre Artung in seinen wie Selbstgespräche wirkenden Notizen auf:

«‹Die Natur verbirgt Gott!› Aber nicht jedem!»

«Wer die Natur als göttliches Organ leugnen will,
der leugne nur gleich alle Offenbarung.»

«‹Ich glaube einen Gott!› dies ist ein schönes, löbliches Wort, aber Gott anerkennen, wo und wie er sich offenbare, das ist eigentlich die Seligkeit auf Erden.»

«Möge die Idee des Reinen, die sich bis auf den Bissen erstreckt, den ich in den Mund nehme, immer lichter in mir werden.»

«Ich lasse mir nur alles entgegenkommen und zwinge mich nicht, dies oder jenes in dem Gegenstand zu finden.»

«Ich will die Augen auftun, bescheiden sehen und erwarten, was sich mir in der Seele bildet.»

«Jeder neue Gegenstand wohl beschaut, schließt ein neues Organ in uns auf.»

«Je mehr ich mich selbst verleugnen muß, je mehr freut es mich.»

«Ich habe endlich das Ziel meiner Wünsche erreicht und lebe hier mit einer Klarheit und Ruhe, von der ich lange kein Gefühl hatte. Meine Übung, alle Dinge, wie sie sind, zu sehen und abzulesen, meine Treue, das Auge licht sein zu lassen, meine völlige Entäußerung von aller Prätention kommen mir einmal wieder recht zustatten und machen mich im stillen höchst glücklich.»

«Unser ganzes Kunststück besteht darin, daß wir unsere Existenz aufgeben, um zu existieren.»

«Wie glücklich mich meine Art, die Welt anzusehen, macht, ist unsäglich, und was ich täglich lerne! . . . Es spricht eben alles zu mir und zeigt sich mir an.»

«Summa summarum, es ist die Prätention aller Prätentionen, keine zu haben.»[7]

Nur das kann die Vornahme sein, der Weltbegegnung gewollt keine vorgefaßten Annahmen entgegenzuhalten. Die sittliche Qualität der eigenen aktiven Zurücknahme, um dem anderen moralisch gerecht zu werden, sie wurde schon immer dem Mitmenschen gegenüber genannt, gefordert und geübt. Können wir Ähnliches nun aber auch der außermenschlichen Sinneswelt gegenüber aufbringen? Das wohl gewöhnlich nicht, bestenfalls gelegentlich. Dies aber erübte sich Goethe, bis es ihm von der Mitte seines Lebens an, insbesondere seit seiner Reise in das ihm erst so fremde und dann vertraute, für die Sinne gesteigerte Italien immer mehr gelang. Sprechen wir es einfach aus: Es ist eine christliche Nächstenliebe, die sich in den andern, in alles andere wie in sich selbst versetzen kann.

Goethe war sich hierbei in intimer Erfahrung, er würde sagen «zarter Empirie», bewußt, daß das menschliche Ich dazu wie aus sich heraustritt und durch eine Art von Selbst-Spaltung mit dem eins werden kann, von dem es sich sonst nur getrennt und fremd erfahren hätte.

> «Teilen kann ich nicht das Leben,
> nicht das Innen, noch das Außen.
> Allen muß das Ganze geben,
> um mit euch und mir zu hausen.
> Immer hab ich nur geschrieben,
> wie ichs fühle, wie ichs meine,
> und so spalt ich mich, ihr Lieben,
> und bin immerfort der Eine.»

In der Natur begegnet er diesem Rätsel offenen Auges, als er die halbgespaltenen, dichotom gelappten Blätter eines damals frisch von China eingeführten Baumes, des Ginkgo biloba, zu Gesicht bekommt:

«Ist es Ein lebendig Wesen,
Das sich in sich selbst getrennt?
Sind es zwei, die sich erlesen,
Daß man sie als Eines nennt?
Solche Frage zu erwidern,
Fand ich wohl den rechten Sinn:
Fühlst du nicht an meinen Liedern,
Daß ich Eins und doppelt bin?»

In Poesie verschleiert, vergeheimnißt, versteckt, läßt er doch in Andeutungen merken, daß er eines der tiefsten Geheimnisse des menschlichen Iches entdeckt hat. Wenn es seine Selbstbezogenheit aufbricht, erfährt es in der Selbstlosigkeit paradoxerweise das Geheimnis der Stärkung des Selbstes. Das Ich gewinnt dadurch, daß es seine erste Vordergründigkeit entdeckt, hinter sich läßt und dann Weltinteresse wird. Gerade dadurch fühlt es sich wider Erwarten «bereichert». Der Weltverlust hingegen führt zum Ichverlust, wie die Tiefen des Ich erst die Welt verstehbar machen.

Deutlich wird daran das Umgekehrte: Indem der verkrampfte Selbstbezug das Verhalten zur Natur beherrscht, geht die Natur uns ebenso verloren, wie wir uns vorher schon selbst verloren gegangen sind.

Um so erstaunlicher sind die Schwierigkeiten, die beide Kirchen mit der Rezeption des Goetheschen Kulturansatzes hatten und haben. Als Goethe einmal gefragt wurde, ob er denn katholisch sei, erfuhr er, daß ein Geistlicher die versammelte Runde vor ihm gewarnt habe: «Ich wisse mich so fromm zu stellen, daß man mich für religiös, ja katholisch halten könne. Geben Sie mir zu, verehrte Freundin, rief ich aus, ich stelle mich nicht fromm, ich bin es am rechten Orte; mir fällt nicht schwer, mit einem klaren unschuldigen Blick, alle Zustände zu beachten und sie wieder auch ebenso rein darzustellen. Jede Art fratzenhafter Verzerrung, wodurch sich dünkelhafte Menschen nach eigener Sinnesweise an dem Gegenstand versündigen, war mir von jeher zuwider.»[8]

In jener seltenen Situation beschreibt Goethe, wiederum fast unmerklich verdeckt, seine Religiosität. Denn merkwürdigerweise spricht er in einem Zuge mit dem Thema Religion von dem «klaren unschuldigen Blick, alle Zustände zu beachten». Sie möchte sich nicht «nach eigener Sinnesweise» an den Weltinhalten «versündigen». Sie liegt – horribile dictu – in der Art seiner *Sinneszuwendung* an die Welt; nicht in der Abwendung von ihr um eines Höheren willen.

Sinneszuwendung und christliche Religion

Jede geistige Schulung hat mit dem Problemfeld zu tun, daß die sinnliche Anbindung an die materielle Welt die Wege nach innen verdunkelt, ja weitgehend verlegt. Der innere Weg einer Schulung des Bewußtseins ist es deshalb, sich von der Sinnlichkeit frei zu machen, um an die höheren Bereiche zu rühren. Eine ebensolche Aufgabe aber ist es, in der Annahme der Sinneswelt die dadurch drohende geistige Verdunkelungsgefahr erst recht zu bestehen. Es gilt, den geistigen Tod nicht zu sterben, sondern ihn zu bemeistern. Ein solches Vermögen ist wohl kaum einfach gegeben. So klingt in dem häufigen Pantheismus-Vorwurf beides mit: das begründete Wissen um die Gefahr der Sinnlichkeit und ebenso die Angst vor eben dieser Gefahr. Die hilflose Gefahrenflucht überwiegt gegenüber ihrer Bemeisterung. Die Erdenflüchtigkeit ist leichter als die Spiritualisierung der Erde.

Welchen Umfang lebt hier Goethe? «Ich für mich kann, bei den mannigfaltigen Richtungen meines Wesens, nicht an einer Denkweise genug haben; als Dichter und Künstler bin ich Polytheist, Pantheist hingegen als Naturforscher, und eins so entschieden wie das andere. Bedarf ich eines Gottes für meine Persönlichkeit, als sittlicher Mensch, so ist dafür auch schon gesorgt.»

Und noch einmal unter den Maximen und Reflexionen: «Wir sind naturforschend Pantheisten, dichtend Polytheisten, sittlich Monotheisten.»

Jede Engigkeit wird hier aufgeweitet, weil jedes an seinen Weltenort kommt. Aber noch mehr: Es leben alle diese Weltenorte aufgehoben im Christentum selber. Es lebt der Monotheismus im Hohenpriesterlichen Gebet des Gründonnerstags, wenn es heißt: «Ich und der Vater sind eins.» Der Polytheismus ist da in der Anschauung der

Engel-Hierarchien und noch zentraler in dem Ernstnehmen der trinitarischen Würde der Gottheit. Und das eucharistische Mysterium des Abendmahls ist in der Transsubstantiation der Vollzug der Wesenseinigung der Gotteskraft mit der irdischen Stofflichkeit. Ist nicht die Leibwerdung Christi selbst der Beginn der Transsubstantiation hin zum Auferstehungsleib? Nicht die Flucht vor der Leibwerdung, hinweg in die bloße Transzendenz wie etwa als Ziel im Buddhismus, sondern die Annahme der Erde als eine zu vergeistigende, gehört zum innersten Nerv des Christentums. Dann ist die Himmelfahrt Christi im Auferstehungsleibe auch nicht das Aufgehen in eine die Erde und Menschheit hinter sich lassenden Transzendenz, sondern seitdem ihre gesamthafte Annahme: «Ich bin bei euch alle Tage bis ans Ende der Welt». Das ist nicht Pantheismus im Sinne der geisttötenden Gefährlichkeit des bloß materiellen Diesseits, sondern es ist das Mysterium eines Pantheismus im Sinne der Durchchristung des Diesseits.

Die Diskrepanz unserer tiefen Ambivalenz zur Erde wie zu uns selbst hat menschheitliches Ausmaß. Daß die Sinneserfahrung zur geistigen Gefährdung der menschlichen Existenz überhaupt werden konnte, geht auf einen schweren Bruch in der frühen Entwicklung der Menschheit zurück. Er geschah durch die verfrühte Verselbstung des Menschen, verführt durch jene Macht, die, weil sie sich selbst vom göttlichen Weltengrund losgesagt hatte, auch dem Menschen das eigengespiegelte Ichbewußtsein brachte: der «Bringer des Lichtes» des Selbstbewußtseins: Luzi-fer. In der Bildersprache der mosaischen Überlieferung ist es die Verführung durch die Schlange, vom noch nicht zustehenden Baume der Erkenntnis zu essen. Die ganze menschliche Organisation ist von dieser Aussonderung aus der gesamthaften paradiesischen Geborgenheit, vom Sündenfall und der Austreibung gezeichnet.

So auch seine verbleibende Sinnesorganisation. Dadurch erscheinen ja dem Menschen seine Wahrnehmungen ihm selbst fremd, weil er seitdem zur Ichdistanz von ihnen fähig ist. Er macht sie zu isolierten Gegenständen, zu Objekten, weil er selbst verfrüht ein Subjekt geworden ist. Die Kluft zwischen «sinnloser» Wahrnehmung und «selbstüberzeugter» Begrifflichkeit ist die Wirkung des Bösen im Paradies. Wäre sie nicht geschehen, so würde, wie es die Anthroposophie schildert, dem Menschen noch heute mit jedem Blick in die Welt zugleich auch schon ihr Geistgehalt, ihre Verstehbarkeit aufleuchten. In der Sinnlichkeit lebte dann monistisch zugleich in ihr ihre Sinnhaftigkeit. Die Spaltung zwischen Sinneswahrnehmung und Begriffssuche wäre dann nicht aufgetreten.

Die Anthroposophie legt wie alles christliche Denken ein Verständnis des Christentums nahe, das dessen heilende Wirksamkeit in der Ausheilung der luziferischen Spaltung des Menschen sieht. So wirkt die Heilkraft der Tat Christi auf Golgatha auch in der Heilung der menschlichen Sinne und des menschlichen Denkens. Die Schließung der Spaltung zwischen Subjektivität und Objektivität, zwischen Selbstgenuß und Außenweltkälte ist dann ihr Anzeichen. Der Mensch entdeckt anfänglich in sich, was er mit der Welt gemeinsam hat, und er entdeckt in der Welt selbst eine seelisch-geistige, moralisch-sittliche Realität, die man sonst nur im unsichtbaren eigenen Inneren erstrebte. Das eine ist die Heilung des selbstbezogenen Denkens, das andere ist die Heilung der im Registrieren von Fakten und Zeichen erkalteten Sinnesbeobachtung.

Hierin liegt ein Neuverständnis, ja, wie wir meinen, überhaupt erst ein Verständnis jener in seinen selbstgewußten Wesenszügen so unbekannt gebliebenen Geistesart Goethes. Nun wird erst deutlich, daß Goethe darin seine so gut versteckte Mission still für sich entdeckt hatte: in der Suche nach dem, worin der Mensch und die ihn umgebende Welt ungetrennt eins sind, ohne zu verkennen, wo sie es nicht sind. Es war ein weitläufig mit ihm verwandter, junger Medizinstudent, Christian Heinrich Schlosser, dem er im Alter ein solches Credo verriet:

«Und da wir nun einmal immer im Aufklären sind jener Differenzen, die uns nicht entzweien müssen, so will ich mein allgemeines Glaubensbekenntnis hierher setzen.

    a. In der Natur ist alles was Subjekt ist.

    y. und etwas drüber.

    b. Im Subjekt ist alles was in der Natur ist.

    z. und etwas drüber.

b kann a erkennen, aber y nur durch z geahnt werden. Hieraus entsteht das Gleichgewicht der Welt und unser Lebenskreis, in den wir gewiesen sind. Das Wesen, das in höchster Klarheit alle viere zusammenfaßte, haben alle Völker von jeher Gott genannt.»[9]

Diese im gekennzeichneten Sinne christliche Welthaltung wird hier von Goethe in einer für ihn äußerst ungewöhnlichen Form mitgeteilt. Er, dem sich leicht alles poetisierte, greift hier zu den von ihm sonst so gemiedenen abstrakten Kürzeln. Seine Sensibilität allen Euphemismen gerade im religiösen Bereich gegenüber läßt ihn sein Glaubensbekenntnis in einer Sprache abfassen, die Hölderlin wohl auch als «heilig-nüchtern» gekennzeichnet hätte. Was Goethe darin inhaltlich darstellt, machte ihn aber einsam und allein gelassen sowohl von der Seite der rationalistischen Aufklärer als auch von Seiten der konfessionell Gebundenen. Beide sich sonst so bekämpfenden Seiten waren sich eben doch zumeist darin einig, daß der Mensch so viel wie möglich seine Erkenntnisgrenzen und damit seine prinzipielle Weltfremdheit betonen solle.

In Goethe erscheinen uns die für das Überleben alles Lebens auf der Erde notwendig gewordenen Fähigkeiten: die Geisterfahrung im Irdischen selbst zu gewinnen. In ihm begegnen wir einem Menschen mit schon geheilten Sinnen. Daß das auch Christentum ist, war sich Goethe in seinem Innersten sicher. So entschlüpfte ihm achtzigjährig das Wort:
«Wer ist denn noch heutzutage ein Christ, wie Christus ihn haben wollte? Ich allein vielleicht, ob ihr mich gleich für einen Heiden haltet».[10]

So deutlich Steiner auch Heidnisches in der Vielseitigkeit Goethes feststellte, so war er wohl der erste, der diese christliche Dimension der Goetheschen Weltbegegnung entdeckte:
«Und die Philister und die Zeloten mögen Goethe, mögen Goethes Christentum noch so sehr bekämpfen, er durfte doch sagen, daß er einer der allerchristlichsten Menschen ist, weil er in den Tiefen seines Wesens christlich dachte, selbst bis in diese Formel hinein: `Die Sinne trügen nicht, aber das Urteil trügt`. Die Seele ist schuld, daß das, was sie sieht, nicht in der Wahrheit, sondern als Maja erscheint.»[11]

Die Anthroposophie verfolgt in der Evolution der Menschwerdung die geistige Gefährdung der Sinnesfähigkeiten. Dabei entdeckt sie, daß dem Menschenvorfahren drohte, in seinen Wahrnehmungen, bloß an die Außenreize gebunden, nur in heftigen Lustbegierden oder Ekelerregungen polar hin und her gerissen zu werden. Wir haben genügend theromorphe Vormenschenfunde, um auch anthropologisch zu wissen, daß das sekundäre Abrutschen in den völligen Tierzustand mehrfach anstand.[12] Die weitere echte Menschwerdung hing nun damit zusammen, daß die Sinnesempfindungen «gemäßigt» wurden, Mitte halten konnten, so daß in der Weltwahrnehmung der Mensch besonnen sich in der Empfindung der Welt öffnen und sie dadurch ihn dann auch seelisch-geistig von der Selbstbezogenheit, dem Autismus befreien konnte. Rudolf Steiner spricht die Bedeutung dieses Wissens für den Menschen einmal so aus: «Und vor uns erblicken wir perspektivisch eine Zeit, in der die Naturbetrachtung, der Naturgenuß durchchristet sein wird, wo die Menschen fühlen werden, sich sagen werden, wenn sie hinausgehen und sich erlaben an dem herrlichen Frühling, an den Schönheiten des Sommers oder an sonstigen Herrlichkeiten der Natur: Indem wir das alles aufnehmen können, was Herrliches die Natur um uns ausbreitet, müssen wir uns bewußt sein: Nicht wir, der Christus in unseren Sinnen ist es, der uns geeignet macht, also die herrliche Natur zu empfinden.»[13]

Der Streit um die Evolutionslehre

Hinter allen gegenwärtig offenbar werdenden sozialen und technischen Katastrophen steht ein statisches, unverrückbares, abgeschlossenes Weltbild. Erst die Wandlungsfähigkeit eröffnet wieder heilsames Leben. So gehört zu den bedeutsamsten Ideenbildungen der letzten Jahrhunderte die *Entwicklungslehre.* Sie taucht zuerst im religionsgeschichtlichen Bereich – in der letzten Schrift Lessings – auf, findet durch Kielmeyer und Goethe, Lamarck und Darwin Eingang in das naturwissenschaftliche Denken und bestimmt seitdem das Natur- und Geschichtsverständnis des modernen Menschen.[14] Steiner ist nun der erste, der das Werden, die Evolution nicht nur auf die außermenschliche Natur und die menschliche Geschichte, sondern auf die geistige Welt selbst bezieht. In seinem Sinne ist die naturhistorische und humanhistorische Evolution symptomatologisch Ausdruck der Werde-Vorgänge der geistigen Welten selber. Sie selbst sind das Werden kat'exochen, denn *nur Geistiges ist im Gegensatz zur passiven Materie Quell alles Schöpfertums.* Im Evolutionsstreit vor genau hundert Jahren stellte sich Steiner eindeutig auf die Seite aller Evolutionisten, wenn er auch die materialistische Deutung derselben ablehnen mußte. Ihm war aber ein geistvoller Materialist wie Haeckel lieber als die geistlichen Vertreter einer statischen, dogmatisch gesicherten Weltauffassung, weil nicht das verbale Vokabular von Gott und Geist, sondern der geistreale Vollzug entscheidend ist.

Damals ist dieser Dissens zwischen den Fortschritten der Naturwissenschaft und den Kirchen nicht fruchtbar ausgekämpft worden. Die Folge ist, daß nun nach genau hundert Jahren der gleiche Streit in unveränderter Auflage wieder auftritt. Neuerlich wird der Buchstabenglaube an den mosaischen Schöpfungsbericht als rettender psychologischer Halt in der entwurzelnden Not der totalen Säkularisierung kurzschlußartig akzeptiert. Beck, Gilt und Scheven thematisieren in der schon genannten Buchreihe diese Polarisierung mit einem weitgehenden naturwissenschaftlichen Wirklichkeitsverlust. So leicht ist aber an den naturwissenschaftlichen Fakten nun doch nicht zu rütteln. Mit der Aufdeckung einiger Interpretationsschwächen ist die Entwicklungslehre nicht abzuschaffen. Doch scheint die Ablehnung der Evolutionsidee auf allen Gebieten das einzige Mittel kirchlicher Fundamentalisten zu sein, um ein altes, unveränderbares Weltbild retten zu können.

Die katholische Diskussion hat inzwischen ebenfalls das Thema aufgegriffen, neuerdings aber sehr viel differenzierter. Zu nennen sind die Beiträge von Reinhard Löw.[15] Seine Kritik der Sinnlosigkeitstheorie zufälliger Mutationen und automatischer Selektionen bzw. Isolationen ist sachlich so scharf wie begrüßenswert. Noch bedeutsamer ist, daß er nicht den Evolutionsgedanken ablehnt, sondern allein den mechanistischen Evolutionismus. Er macht darauf aufmerksam, daß sich schon bei Augustinus wie bei Thomas von Aquino die Ansätze zu einer Entwicklungsauffassung der Schöpfung finden und die großen christlichen Denker vor Beginn der Neuzeit sich nie gegen eine solche gestellt haben. Dabei handelt es sich bei Löw, ebenso wie bei Spaemann und Koslowski nicht um Außenseiterpositionen.

Sieht man sich bei ihnen danach um, was an Stelle der kausalanalytischen, faktoriellen Deutung der Evolution als Verstehensalternative angeboten wird, so ist es expressis verbis allerdings eine reine Teleologie, die auf eine bewußtseinsmäßig vorgegebene Zweckhaftigkeit zielt und als Eigenschaft Gottes verstanden wird. Gott habe die Welt in weiser Voraussicht fertig bis zu Ende geplant. Damit ist der Streit zwischen Kausalismus und Finalismus trotz mancher sprachlicher Verfeinerungen inhaltlich nicht über den Stand von vor hundert

Jahren hinausgekommen; so als ob seit damals kein Erkenntnisfortschritt stattgefunden hätte. Der kausalistische Anspruch ist zwar glänzend widerlegt: Wenn der Mensch keine individuelle Leistung erbringen kann, sondern nur das totale Ergebnis seiner «egoistischen Gene» ist, so ist diese Aussage von Dawson inhaltlich genommen ja selbst nur das Ergebnis einer zwanghaften, deterministischen Überlebensstrategie eben seiner eigenen Genausstattung, also ohne Möglichkeit des Wahrheitsanspruches eben dieser Aussage. Und wenn Lorenz, Riedl und Vollmer[16] als «evolutionäre Erkenntnistheoretiker» auch ihre eigenen Gedanken nicht im Dienste der Wirklichkeitsbeschreibung, sondern der Überlebenstauglichkeit tatsächlich auffassen, so ist nach dem Vorteil zu fragen, den eine solche Aussage ihnen in ihren ökologischen (akademischen) Nischen wohl bringt. Wissenschaftlich glaubwürdig ist sie damit per se logischerweise nicht mehr, sondern nur als opportunistische Adaptation in ihre derzeitige Einnischung geltend zu machen. Womit die Argumentation zusammenfällt. Das ist nicht schwer einzusehen für den, bei dem nicht vorwissenschaftlich fixierte Prägungen auf das vorliegende Gedankenmuster ethologischerweise schon vorliegen.

Um nun den vorherigen Faden wiederaufzunehmen: Bringt das teleologische Konzept mehr? Eskaliert es durch seinen begleitenden Verständnisverzicht nicht doch nur in Bälde wieder das andere Lager? Ist denn damit geholfen, anstelle der eruierbaren Materie-Eigenschaften die uneruierbare Gottheit zu setzen, die diesmal zur Abwechslung nicht zurück in die Vergangenheit zu den Ursachen, sondern vorausblickend zum vorgesetzten Ziel, geradeso wie ein Mensch die Welt «geplant» und «hergestellt» haben soll? Indem anstelle der anorganischen Natur zumindest seelische Qualitäten in Anspruch genommen werden, wird ebenso wie bei der anderen Seite versäumt zu untersuchen, was denn die Kluft zwischen der cartesianischen res extensa und der res cogitans tatsächlich überbrückt. Man landet bei einem Vitalismus, der Zielhaftigkeit voraussetzt.

Vom erkenntnistheoretischen Aspekt aus allein ist allerdings gar nicht auszumachen, warum der Kausalnexus mehr Glaubwürdigkeit haben soll als der Finalnexus; ebenso gilt natürlich auch das Umgekehrte. Im einen Falle werden die bestimmenden Bedingungen in der Vergangenheit, im anderen eben in der Zukunft gesucht. Die bloße Entscheidung für das eine oder andere ohne weitere Begründung ist metaphysisch, und das sowohl im Kausalismus wie Finalismus, wie auch Löw ganz richtig sagt. Beiden Denkbewegungen – so diametral sie sich gegenüberstehen und sich oft genug bekämpft haben – ist doch gemeinsam, daß sie den begegnungsfähigen Weltgehalt nicht auf ihn selbst, sondern auf ein anderes zurückführen: auf in der Vergangenheit liegende Faktoren oder in die Zukunft gesetzte Zwecke. In beiden Fällen wird alles Phänomenale als zeitlich fremdbestimmt gesetzt. Damit wird aber auch deutlich, daß beidesmal der Sachverhalt nicht im Kern interessiert, sondern nur das, was ihn fremdbestimmt. Der Verlust an aktueller Weltbegegnung ist jedesmal die Folge: einmal durch den Fatalismus: Gott hat alles in weiser Voraussicht schon zu Ende geplant; das andere Mal durch den Determinismus: hier plant niemand, alles ist eine Sinnlosigkeitsmaschine.

Was beidesmal nicht bemerkt wird, ist, daß stillschweigend die Linearität in der Abfolge von Vergangenheit, Gegenwart und Zukunft vorausgesetzt wird. Damit ist aber bei näherer Untersuchung nur eine reduktionistische Abstraktion und nicht die Wirklichkeit gelebter und vollzogener Zeit erfaßt.

Die zentrale Bedeutung des Zeitbegriffes für ein Verständnis des Lebendigen

Es gehört zu den geistig aktuellsten Themen, daß die verbindliche Frage nach dem, was Zeit überhaupt ist, derzeit erneut virulent geworden ist.[17] Eine Korrektur des Zeitbegriffes ist der biographische Ausgangspunkt der Anthroposophie selbst im Leben Rudolf Steiners gewesen.[18] Erst wenn man hier ansetzt, heben sich die angeschnittenen Streitfragen auf ein Behandlungsniveau, das die Gegensätze plötzlich fruchtbar macht und sie an der Stelle vorfindet, wo sie ihren Wahrheitsanteil haben und sich wirklichkeitsaufschließend ergänzen können. Das eine ist die Entdeckung, daß in der Dreistufigkeit der linear aufgefaßten Zeit noch einer dritten Bezüglichkeit ein Aufklärungswert zukommen kann. Wenn schon dem Vergangenheitsbezug und dem Zukunftsbezug ein Erklärungswert zugesprochen wird, warum dann nicht auch der Gegenwart? Denken wir diesen Ansatz erfahrungsnah durch, so ist der resignative Einwand zwar rasch da, daß dann das Ganze auf eine Tautologie hinausliefe: die Gegenwärtigkeit wird mit ihrer Gegenwart erklärt. Die Resignation besteht aber nur darin, daß die Fremdbestimmung nicht aufgegeben werden will. Sie dort, wo es sich als sinnvoll erweist, aufzugeben, bringt aber einen ganz neuen Erkenntnisgewinn, nämlich den nicht mehr abbrechenden Realitätsbezug. Welche der drei Zeitstufen hat die vollste Realität? Die Vergangenheit wohl nicht, denn sie ist nicht mehr vorzufinden, sondern bestenfalls als eine zweite abgeschattete Art von Wirklichkeit nur noch zu erinnern; die Zukunft noch weniger, denn sie ist das prinzipiell Unsichere, weil noch nicht voll Vorhandene. Die Gegenwart aber, wenn sie nicht nur auf ein unendlich kleines Nichts spekulativ reduziert wird, verläßt uns nie. In ihr verschmelzen Sein und Werden. Wenn sie, in jedem Augenblick ganzheitlich gleichzeitige Ordnung schaffend, sich selbst bedingt, haben wir es mit der Eigentümlichkeit des Lebendigen zu tun.[19] Es wird gerade in der beschriebenen erhöhten Wahrnehmung, die zugleich Bedeutungswahrnehmung wird, erfaßt. – Die Anthroposophie bezeichnet diesen damit charakterisierten Weltbereich als das Ätherische. Wo es sich im Einzelorganismus autonomisiert, spricht sie von seinem Ätherleib oder Zeitleib, denn er ist kein Raumgebilde, sondern sich ordnende Zeit selber. Alle holistischen Erklärungsversuche in der Biologie haben darin ihren Wirklichkeitsboden.

Dadurch ordnet sich die Mehrbödigkeit und Vielschichtigkeit der Natur und des Menschen erkenntniswissenschaftlich, und zwar an den Gegebenheiten ablesbar so, daß der toten Welt, die aus unbelebten, quantifizierbaren Stoffen und Energien besteht, die Kausalität eignet. Sie sind immer durch ihre vorherige Vergangenheit fortrollend bestimmt. Seelische Erscheinungen sind aber, wie schon Franz Brentano beschrieb, immer intentional.[20] Sie zielen auf etwas, was sie selbst nicht sind, sondern erst erwarten. Sie sind durch ihren eigenen Zeitcharakter immer zukunftsbezogen und deshalb teleologisch sinnvoll gut zu interpretieren. Wie aber beide Weltbereiche miteinander kommunizieren können, die Frage, die sich im philosophischen Dauerthema des «Leib-Seele-Problems» ausdrückt, bleibt so lange dunkel, wie nicht der Eigenbereich des Ätherischen erfaßt wird. Es ist wie das Seelische übersinnlich (da nicht räumlich, sondern zeitlich) und es ist wie das Stoffliche seiner selbst unbewußt (da subjektlos). Das Physische läßt sich objektivieren, alles Seelische geht immer von

Subjekten aus. Das Ätherisch-Lebendige aber ist weder objektiv noch subjektiv, sondern eben die Überwindung dieser Kluft und damit die Brücke von Leiblichem und Seelischem; wir bemerken es nur deshalb nicht, weil wir es äußerlich nicht sehen und innerlich nicht fühlen, eben unbewußt besitzen, obwohl es doch unsere naturgegebene Lebensfähigkeit ausmacht. Die Erforschung des Ätherischen ist deswegen die einzige einsehbare Lösung des Evolutionsproblems in der organischen Welt. Physikalisch-chemischer Kausalismus und psychologisierender Finalismus haben nur als Vorlaufuntersuchungen Wert und reichen dafür sachgegeben letztlich nicht hin. Deswegen ist der neue-alte Streit zwischen Gradualismus und Kreationismus nur die historisch unveränderte Standpunktkennzeichnung ohne Aussicht auf Fruchtbarkeit.

Das ist nun angesichts der hoch gefahrvollen Entwicklung der Biotechnik in Gen- und Fortpflanzungsmanipulation von Pflanze, Tier und Mensch und besonders für deren gemeinsamen Modus vivendi in der ökologischen Frage nicht mehr ein unverbindliches Gedankenspiel, sondern von lebensbestimmender Dimension. Hier geht es auch nicht um die landläufige Technikflucht, sondern um eine technische Gesinnung, die sich nicht als Ausbeutung, sondern als Therapie versteht.

Der naturwissenschaftliche Unterricht in den Waldorfschulen

In den Naturwissenschaften der Waldorfschulen lebt dieser Erkenntnisumkreis. Für die 11. Klasse empfiehlt einmal Steiner: «Teleologie auf ein vernünftiges Maß bringen: *Wechselursachen-Verhältnis*, nicht rein kausale Verhältnisse.» Darin sind alle drei Denkbewegungen angesprochen und das Spezifische des Lebendigen als «Wechselursachen-Verhältnis» umschrieben. Nicht daß auf die anderen verzichtet würde, aber sie werden jeweils dort geübt, wo sie weltgegeben passen und hingehören. Die Reduktion der Lebenserscheinungen auf die materielle Schicht und die Überhöhung derselben zur seelischen Innenwelt widersprechen dem prüfenden Wahrheitsgefühl. Am unmittelbarsten tritt das Rein-Lebendige uns in der Pflanzenwelt entgegen. Aller Gestalt- und Funktionswandel in ihr ist deshalb eine

Domäne des Waldorf-Biologieunterrichtes insbesondere der oberen Klassen. Und woran ließe er sich augenfälliger demonstrieren als an den Blattmetamorphosen von Blütenpflanzen? Der Goethesche «Versuch, die Metamorphose der Pflanzen zu erklären» wird deshalb nicht bloß wegen der entdeckten «Homologie aller Sproßanhänge» (= Blätter) behandelt, sondern weil hierin die unmittelbarste Einführung in die Zeitgestalt des Werdens und Wandelns, von Entwicklung und Metamorphose, von Einzel- und Gesamtevolution geschieht, wenn nur einmal die Fragestellung nach dem erwacht ist, was über causa und finis hinausreicht. Natürlich lassen sich letztlich alle biologischen Erscheinungen, wenn sie als lebendige erfaßt werden, dafür einsetzen.

Ein zweiter Lösungsbereich der Evolutionsfrage, nun in einem erweiterten Ausmaße, liegt im tätigen Vollzug von Freiheit durch den Menschen selbst. Er ist kein vorgegeben freies Wesen, aber er kann sich immer wieder aufs neue Freiheit schaffen. Aber nicht nur im Denken hat er an der Befreiung von vorheriger blinder Abhängigkeit Anteil, sondern auch als biologisches Wesen. Steiner selbst forderte, daß nach seiner «Philosophie der Freiheit» es zu einer «Physiologie der Freiheit» kommen möge.[21] Manche Ansätze dazu finden sich bei anthroposophischen, neuerdings auch bei nichtanthroposophischen Naturwissenschaftlern.[22] Wenn dem so ist, so reicht ein teleologisches Evolutionskonzept genausowenig wie ein kausalistisches aus. Denn wenn das Ziel der Schöpfung schon in irgendeiner Weise von irgendwoher vorgegeben ist, so kann es in ihr keine Freiheit mehr geben. Die Erfahrung von Freiheit setzt die kausalistische ebenso wie die teleologische und auch die rein biologische Evolutionsauffassung außer Kraft. Was dann vorliegt, ist die Erfahrung «gesteigerter Zeit», in der die Stufung von Vergangenheits-, Gegenwarts- und Zukunftsbezug in eins verschränkt erlebt werden.[23] Rudolf Steiner schildert diesen Befreiungsvorgang aus dem Vollzug der Selbsterkenntnis im Menschen. Die lineare Zeit ist in der Gleichzeitigkeit aller drei Zeiten aufgehoben. Goethe hatte intime Erfahrung davon. Da wenig gekannt, seien die folgenden Äußerungen zitiert:
«. . . Man bedient sich als Symbol der Ewigkeit der Schlange, die sich in einen Reif abschließt. Ich betrachte dies hingegen gern als Gleichnis einer glücklichen Zeitlichkeit.»[24]

Im Goetheschen «Märchen» drückt sich diese Einsicht darin aus, daß in dem Moment, in dem der Jüngling zu Boden sinkt, sich die grüne Schlange um ihn herum legt und das Ende ihres Schwanzes mit den Zähnen faßt. Dadurch verwest der Jüngling nicht. Er ist der linearen Zeit entrissen. Hier ist poetisch versteckt, was die geistesgegenwärtige Erfahrung erfüllter Zeit kennzeichnet. Ähnliches findet sich bei Rilke[25], Jean Gebser[26], Georg Picht, Klaus Müller[27]: Die Feinstruktur jedes Zeitmomentes enthält bei näherer Beachtung immer schon Vergangenheit und Zukunft in sich. Der Astrophysiker Erich Jantsch ist im Anschluß an Ilya Prigogine bereit, diese «Zeitbindung» nicht nur der menschlichen Bewußtseinssphäre, sondern ebenso der außermenschlichen Welt zuzusprechen. Der Autor hat bei der Behandlung einzelner Evolutionsfragen der Paläobiologie die gleiche Zeitbindung belegen können.[28] Von einer solchen Korrektur des Zeitbegriffes hängt ein wirklichkeitsnäheres Verständnis der Evolution ab, als es die Gradualisten mit der ausschließlich linearen Zeit auffassen und die Kreationisten mit einer zeitlosen Ewigkeitsidee geboten haben und bieten können.

Trinitarisches Weltverständnis in der Naturwissenschaft

Die Waldorfschule in ihrem wissenschaftlichen Unterricht versteht sich als das schon vorhandene Keimbeet dringend benötigter Denkweisen gerade auf dem Gebiet der Lebenswissenschaften. Ohne die gekennzeichneten Klarstellungen und weltoffeneren methodischen Ansätze werden die Bewußtseinsanforderungen in einer von Ökokrisen geschüttelten Umwelt im nächsten Jahrhundert nicht mehr zu bewältigen sein. Ihre künftige Fruchtbarkeit für die Verlebendigung der Wissenschaftsmethoden selber beruht aber nicht auf einem bloßen auf Anwendbarkeit ausgerichteten Pragmatismus, sondern auf einer zutiefst christlichen Weltbegegnung. Was wir als die dreifache Möglichkeit der Weltbestimmung – von der Vergangenheit, der Zukunft und der Gegenwart her – für die Naturwissenschaften dargestellt haben, ist ja – einmal darauf aufmerksam geworden – das *trinitarische Weltverständnis* selber. In der Bezeichnung Gottes als Vater lebt die Anerkennung der gewachsenen Schöpfung: all dessen, was die gesamte Welt bisher gewesen und geworden ist. Das Sohnesprinzip Gottes ist das fortwährend Neue, durch den Tod Verjüngte.

115

In ihm wird das immer im Werden Lebende der Gottheit anerkannt: der in Ewigkeit geborene Sohn. Der Heilige Geist ist das Heilende, was die erst kommende Zukunft im Jetzt schon heranführt. Bis in die Namengebung ist im Aufblick zur Dreieinigkeit das Dreifaltige als das Zeitgeheimnis der Ewigkeit und zugleich als Eins erkannt worden. Wenn sich daran wissenschaftliches Denken aus sich selbst heraus orientieren kann, werden Christentum und Naturwissenschaft nicht mehr im Dissens leben müssen. Eine Durchchristung gerade auch der fundamentalen Aufgabenstellungen moderner und künftiger Naturwissenschaft ist das Anliegen der mit Hilfe der Anthroposophie methodisch erneuerten Wissenschaften in der Schule und – wo es möglich ist – in der Hochschule. Das jedoch um so mehr, je weniger es bloß verbalisiert wird und je mehr es inhaltlich getan wird. So liegt das Christentum nicht neben den Naturwissenschaften in einer verschanzten «Nachbarburg», sondern im Selbstverständnis der Naturwissenschaften in der Waldorfschule mittendarin. Damit wird eben auch ernst gemacht, daß das Ereignis des Christentums den wesentlichsten Einschnitt in der ganzen Menschheitsgeschichte auch für das denkende Verhältnis des Menschen zur Natur darstellt. Das Neue Testament ist nicht einfach das fortgeschriebene Alte Testament. «Hier ist mehr denn Moses» und «Siehe, hier ist alles neu» gilt gerade auch für das dadurch erneuerte Verhältnis des Menschen zur Erde. Wenn es noch im mosaischen Schöpfungsbericht von ihr heißt: «Machet sie Euch untertan und herrschet ...», so ist dieses eine vorchristliche Haltung. Wieviel wird damit in der ökologischen Diskussion heute noch als moralisch rechtens erklärt! Im Neuen Testament aber lebt eine ganz andere «Stimmung». Hier findet sich das Pauluswort: «Denn das ängstliche Harren der Kreatur wartet auf das Offenbarwerden der Söhne Gottes.»[29] Die Spiritualisierung aller Natur, ja der Erde als ganzes, ist die christliche Aufgabe, nicht die Flucht von ihr. Die Spiritualisierung der Naturwissenschaft, und in diesem Sinne versteht sich die anthroposophische Geisteswissenschaft, ist dafür eine einzulösende Voraussetzung. Die Naturwissenschaften in der Waldorfschulpädagogik verstehen sich mit als den Quellort dafür.

Anmerkungen

1 Reihe «Wort und Wissen», Hänssler-Verlag Neuhausen-Stuttgart; mit Publikationen von H. W. Beck, E. Blechschmidt, W. Gilt, H. Hörnicke, J. Scheven u. a.

2 Werner Heisenberg: Goethes Naturbild und die technische Welt. Jahrbuch der Goethe-Gesellschaft, N.F. 29, S- 27 ff. Weimar 1967.

3 Erich Fromm: Anatomie der Destruktivität, Stuttgart 1974. – Robert Jungk: Ein Gespräch mit Erich Fromm. Bild der Wissenschaft, Oktober 1974, S. 59 ff.

4 Robert Steiger: Goethes Leben von Tag zu Tag. Bd. I–VII. Artemis 1982 ff.

5 Brief an Schiller, 9.7.1796.

6 Kampagne in Frankreich, Duisburg November 1792.

7 W. Schad (Hrsg.): Würde der Dinge – Freiheit des Menschen. Goethe-Texte. Stuttgart 1983.

8 Kampagne in Frankreich (Münster, November 1792).

9 Brief vom 19.2.1815.

10 Zu Kanzler von Müller, 7.5.1830.

11 Rudolf Steiner: Die Bhagavad-Gita und die Paulusbriefe. 5. Vortrag vom 1.1.1913. GA 142, Dornach 1982.

12 W. Schad: Gestaltmotive der fossilen Menschenformen. Goetheanistische Naturwissenschaft, Bd. 4: Anthropologie. Stuttgart 1985.

13 Rudolf Steiner: Vorstufen zum Mysterium von Golgatha. Vortrag vom 1.6.1914. GA 152, Dornach 1980.

14 W. Schad: Die Vorgeburtlichkeit des Menschen, der Entwicklungsgedanke in der Embryologie. Stuttgart 1982.

15 Reinhard Löw: Zur Interpretation evolutionärer Entwicklungen bei Augustinus und Thomas von Aquin. In: Spaemann, R., Löw, R. und Koslowski, P. (Hg.): Evolutionismus und Christentum. Civitas-Resultate Bd. 9. Weinheim 1986.

16 Konrad Lorenz: Die Rückseite des Spiegels. Versuch einer Naturgeschichte menschlichen Erkennens. München 1973. – Rupert Riedl: Biologie und Erkenntnis. Berlin/Hamburg 1980. – Gerhard Vollmer: Evolutionäre Erkenntnistheorie. Stuttgart 1987.

17 Erich Jantsch: Die Selbstorganisation des Universums, S. 316: Die Feinstruktur der Zeit. München 1982. – Peisl, A. und Mohler, A. (Hrsg.): Die Zeit. Schriften der C. Fr. v. Siemens-Stiftung, Bd. 6. München/Wien 1983. – W. Schad: Die Vorgeburtlichkeit des Menschen, der Entwicklungsgedanke in der Embryologie, a. a. O., letztes

Kapitel; sowie: «Wandlungen des Zeitbewußtseins . . .» Die Drei, Jg. 56, H. 2, S. 86–107. Stuttgart 1986.

18   Hella Wiesberger: Rudolf Steiners Lebenswerk in Wirklichkeit ist sein Lebensgang. Die drei Jahre 1879–1882 als eigentliche Geburtszeit der anthroposophischen Geisteswissenschaft. In: Beiträge zur Rudolf-Steiner-Gesamtausgabe Nr. 49/50. Dornach 1975.

19   W. Schad: Biologisches Denken. Goetheanistische Naturwissenschaft, Bd. 1: Allgemeine Biologie. Stuttgart 1982. – Das Denken in der Naturwissenschaft als ein Weg zum Ätherischen. In: J. Bockemühl (Hrsg.): Erscheinungsformen des Ätherischen. Stuttgart 1985.

20   Franz Brentano: Von der Klassifikation der psychischen Phänomene. S. 122. Leipzig 1911. Sowie: Psychologie vom empirischen Standpunkte. Bd. 1, S. 115 ff. Leipzig 1874.

21   Rudolf Steiner: Entsprechungen zwischen Mikrokosmos und Makrokosmos. 10. Vortrag vom 1.5.1920. GA 201, Dornach 1959.

22   Bernhard Hassenstein: Aspekte der «Freiheit» im Verhalten von Tieren. Universitas, Jg. 24, H. 12, S. 1325 ff., 1969. – Herbert Hensel: Anpassung in der Physiologie des Menschen – Erkenntnisse medizinischer Forschung. Universitas, Jg. 27, H. 11, S. 1163 ff., 1972. – Hans Jonas: Organismus und Freiheit. Ansätze zu einer philosophischen Biologie. Göttingen 1973. – Friedrich Kipp: Arterhaltung und Individualisierung in der Tierreihe. Goetheanistische Naturwissenschaft, Bd. 3: Zoologie. Stuttgart 1983. – Erich Lange: Ein Beitrag zur Frage «Was ist Höherentwicklung?» Biologische Rundschau, Bd. 14, H. 4, S. 206 ff. Jena 1976. – W. Schad: Säugetiere und Mensch. Kapitel: Zur Umweltgestalt. Stuttgart 1971. – ders.: Der Entwicklungsgang zur organischen Eigenwärme. Goetheanistische Naturwissenschaft, Bd. 1. Stuttgart 1982. – ders.: Erziehung ist Kunst. Kapitel: Das Kind im Sog der Zivilisation. Fischer tb, Frankfurt 1986. – Francisco Varela: Die Biologie der Freiheit. Psychologie heute, S. 82, September 1982.

23   W. Schad: siehe Anm. 14.

24   An F. W. von Trebra, 5.1.1814.

25   9. Duineser Elegie.

26   Jean Gebser: Der unsichtbare Ursprung. Freiburg i.Br. 1970.

27   Siehe bei Jantsch, Anm. 17.

28   W. Schad: Archaeopteryx lithographica – eine Mosaikform? Goetheanistische Naturwissenschaft, Bd. 1. Stuttgart 1982.

29   Römer 8, 19.

Weiterführende Literatur

Wir geben nachfolgend einige Werke an, die das in den Beiträgen Behandelte systematisch darstellen, ergänzen oder weiterführen:

Bock, Emil: Die drei Jahre. (Beiträge zur Geistesgeschichte der Menschheit, Bd. 6) Stuttgart [6]1981.
ders.: Das Evangelium. Betrachtungen zum Neuen Testament. Stuttgart 1984 (Neuausg.).
ders.: Kindheit und Jugend Jesu. (Beiträge zur Geistesgeschichte der Menschheit, Bd. 5) Stuttgart [5]1980.
ders.: Wiederholte Erdenleben. Die Wiederverkörperungsidee in der deutschen Geistesgeschichte. Stuttgart [6]1975.
Frieling, Rudolf: Christentum und Wiederverkörperung. Stuttgart [2]1975.
ders.: Vom Wesen des Christentums. Stuttgart 1973.
Lauenstein, Diether: Der Messias. Eine biblische Untersuchung. Stuttgart 1971.
Lauer, Hans Erhard: Die Anthroposophie und die Zukunft des Christentums. Stuttgart 1966.
Schroeder, Hans-Werner: Das christliche Bekenntnis. Ein Übungsweg. Stuttgart 1982.

Aus den vielfältigen Darstellungen Rudolf Steiners nennen wir nur drei Titel:

Steiner, Rudolf: Das Christentum als mystische Tatsache und die Mysterien des Altertums, GA 8, Dornach 1976.
ders.: Die geistige Führung des Menschen und der Menschheit, GA 15, Dornach 1974.
ders.: Themen aus dem Gesamtwerk (14), Christologie. Anthroposophie als Weg zum Christusverständnis. 12 Vorträge von Rudolf Steiner. Ausgewählt und herausgegeben von Heten Wilkens. Stuttgart 1986.

Christologie

Anthroposophie als Weg zum Christusverständnis

12 Vorträge von *Rudolf Steiner*. Ausgewählt und herausgegeben von *Heten Wilkens*. Rudolf Steiner Thementaschenbücher Bd. 14, 288 Seiten, kartoniert.

STEFAN LEBER
Die Waldorfschule im gesellschaftlichen Umfeld

Zahlen, Daten und Erläuterungen zu Bildungslebensläufen ehemaliger Waldorfschüler.
Erziehung vor dem Forum der Zeit Bd. 12, 122 Seiten, kartoniert.

STEFAN LEBER
Die Sozialgestalt der Waldorfschule

Ein Beitrag zu den sozialwissenschaftlichen Anschauungen Rudolf Steiners.
Menschenkunde und Erziehung Bd. 30, 2. Auflage, 238 Seiten, kartoniert.

Erziehung zur Freiheit

Die Pädagogik Rudolf Steiners.
Bilder und Berichte aus der Internationalen Waldorfschulbewegung. Text: *Frans Carlgren*, Bildredaktion: *Arne Klingborg*. Menschenkunde und Erziehung Bd. 25, 5. Auflage, 208 Seiten mit 250 Abbildungen, gebunden.

MANFRED LEIST
Eltern und Lehrer

Ihr Zusammenwirken in den sozialen Prozessen der Waldorfschule.
Erziehung vor dem Forum der Zeit Bd. 14, 116 Seiten, kartoniert.

Vom Lehrplan der Freien Waldorfschule

Bearbeitet von *Caroline von Heydebrand*. 7. Auflage, 58 Seiten, kartoniert.

VERLAG FREIES GEISTESLEBEN